Veronika Wengert

111 Orte für Kinder in und um Augsburg, die man gesehen haben muss

111

emons:

Bibliographische Informationen der Deutschen Nationalbibliothek
Die Deutsche Nationalbibliothek verzeichnet diese Publikation
in der Deutschen Nationalbibliografie; detaillierte bibliografische Daten
sind im Internet über http://dnb.d-nb.e abrufbar.

MIX
Papier aus verantwortungsvollen Quellen
FSC® C043106

Layout: Editorial Design & Artdirection, Conny Laue, Bochum,
nach einem Konzept von Lübbeke | Naumann | Thoben und Nina Schäfer
Kartografie: altancicek.design, www.altancicek.de
Kartenbasisinformationen aus Openstreetmap,
© OpenStreetMap-Mitwirkende, ODbL
Druck und Bindung: Grafisches Centrum Cuno, Calbe
Printed in Germany 2021
ISBN 978-3-7408-1079-5
Originalausgabe

VORWORT

111 Orte? Augsburg hat noch viel mehr Lieblingsplätze, die mit Kindern entdeckt werden wollen. Wo sonst gibt es die tollste Puppenkiste der Welt, mehr Brücken als in Venedig und einen Alpenblick? Bayerns drittgrößte Metropole ist Welterbe-Stadt und hat eine echt sympathische Größe: nicht zu groß, aber auch nicht zu klein. Alles ist »gleich ums Eck« und mit Kindern gut machbar, denn das ist *ihr* Buch. Und natürlich das ihrer Mamas, Papas, Omas, Opas und aller, die diese gemütlich-urbane Großstadt mit Kinderaugen (neu) entdecken wollen.

Manchmal genügt es, den Blick zu schärfen: An wie vielen Orten hastet man jeden Tag einfach vorbei, die bei Kindern jedoch für Herzhüpfen sorgen? Eine Bahnguck-Brücke? Eine Kastanien-Sammelallee? Die längste Laufradpiste der Stadt? All das gibt es im wunderschönen »Augschburg«! Einfach runter von den ausgetretenen Alltagspfaden und sich auf Neues einlassen!

Ob Sonnenschein oder Schmuddelwetter: Wunderbare, spannende Dinge mit Kindern kann man immer unternehmen! Solche, die man schon lange nicht mehr ausprobiert hat – oder vielleicht noch nie: Wann haben Sie das letzte Mal einen Kaugummiautomaten mit Münzen gefüttert? Mit einem kleinen blauen Roboter geflirtet? Sich im Maisfeld verlaufen? Mit Kamelen gekuschelt? Minigolf im Dunkeln gespielt? Viele Dinge, die richtig Spaß machen, kosten nicht einmal Eintritt: Barfuß über blaue Glitzersteine hüpfen, Kindergartenfreunde zum Waldpicknick bei den sieben Tischen einladen oder sich auf Zeitreise in eine Haldenburg beamen lassen!

Das Schönste sind die gemeinsamen Momente, die man erlebt und an die sich alle gern erinnern: »Boah, haben wir uns da aber verlaufen!« oder »Hey, das war ein richtig toller Ausflug!« sind die Bestätigung, dass es nicht so verkehrt war. Also, nix wie hin zu den 111 Orten, deren monatelange Recherche auch meinen beiden Kindern sehr viel Spaß gemacht hat. Viel Vergnügen!

111 ORTE

BALL-
PLATZ
FEUER-
STELLE
ZUG

1_DER ABENTEUER-SPIELPLATZ

Der vielleicht aufregendste Ort der Stadt

Ein Hammer, Holz und gute Laune: Mehr braucht man nicht, um eine richtig tolle Hütte zu bauen. Der perfekte Platz dafür ist auf dem Abenteuerspielplatz Hammerschmiede, ganz im Norden von Augsburg – einer der aufregendsten Orte für Kinder in der Stadt. Nicht nur Hüttenbauer können sich dort ausprobieren, sondern alle Kinder zwischen sechs und 13 Jahren. Vor Ort ist immer ein Betreuer, den die Kinder ansprechen können.

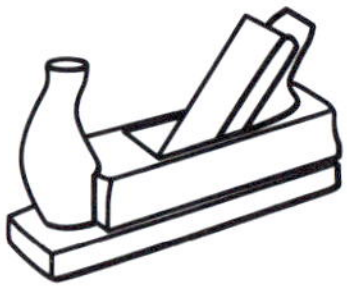

Das Angebot ist riesig: Rutschen, Sandkasten, Ballkörbe, Kettcars, Roller – alles da und draußen. Neben dem Hüttenplatz ist der Stall der beiden kuscheligen Schafe Anton und Foxy. Sie dürfen heute über das Gelände laufen und platzieren sich prompt vor dem dunkelgrünen echten Zugwaggon auf der Wiese. In der einen Hälfte kann man prima chillen, in der anderen Kindergeburtstag feiern.

Es gibt Kaninchen, zu denen man sich ins Außengehege setzen darf – und die Tiere ohne Scheu beobachten. Im zweistöckigen Haus, das bei Schmuddelwetter mit Geburtstagsraum, Tischfußball und sogar turnhallengroßem Toberaum lockt, leben vier Meerschweinchen. In der Teeküche nebenan warten Brettspiele, und samstags kann man dort Schach spielen lernen – kostenlos!

In den Ferien gibt es ein buntes Programm, etwa den »Kinderzirkus«, bei dem jeder mitmachen darf. Ohne städtischen Zuschuss, Spenden und viele Helfer könnte das alles gar nicht klappen – denn das Angebot ist echt einzigartig! Und das schon seit 1974, wow!

Adresse Neuburger Straße 299, 86169 Augsburg-Hammerschmiede, www. asp-hammerschmiede.de // ÖPNV Bus 23, 44, Haltestelle Hammerschmiede // Öffnungszeiten Di–Sa 14–18 Uhr, in den Schulferien ganztags; Eintritt frei, um Spenden wird gebeten, Kindergeburtstag nach Voranmeldung und gegen Unkostenbeitrag // 6–13 Jahre (unter 6 Jahren nur mit einem Erwachsenen)

TIPP: Wer im Westen von Augsburg unterwegs ist, kann in Pfersee den Erlebnisspielplatz Youfarm ausprobieren, der ebenfalls pädagogisch betreut ist: Dort kann man durch Matschpfützen hüpfen, Hütten bauen und im Tipi Abenteuer erleben. Infos: www.youfarm-augsburg.de.

2_DIE ALTE SCHULE

Bei »weltbester Currywurst« chillen

Irgendwann ist sie da: Die Phase, in der Schule nicht mehr ganz so hoch im Kurs steht. Das Alter, in dem man am liebsten nur die Playlist mit Freunden rauf und runter anhören, Burger essen und einfach nur chillen würde. Dass das auch in einer Schule geht, zeigt die Alte Schule im Stadtteil Hochzoll. Ein Ort mit stylishen Möbeln und vielen Wohlfühlecken: Augsburgs jüngstes Jugendprojekt wurde erst 2020 fertiggestellt – in altem Gemäuer.

Die Alte Schule ist genau das, was ihr Name vermuten lässt: eine alte Schule. Früher lernten Kinder hier rechnen und schreiben, dann fiel das Haus viele Jahre in einen Dornröschenschlaf. Engagierte Bürger gründeten einen Verein, um das Gebäude mitsamt benachbartem Feuerwehrhaus – bald ein Kulturtreff – wiederzubeleben. Das Ensemble ist die letzte dörfliche Oase in Hochzoll, zwischen quadratischen Gebäuden und viel Straßenverkehr. Ein Relikt aus alten Tagen, das sich nun jung gibt, mit Jugendcafé und Jugendhaus unter einem Dach. Drei Träger fördern das Projekt.

Kommt man gegen Mittag, duftet es nach Pizza. Es gibt auch Pulled Pork, Wraps, Falafel oder Salad Bowls. Und die »weltbeste Currywurst« mit Süßkartoffeln – das verspricht eine Tafel. Alles für den schmalen Geldbeutel. Die meisten Jugendlichen kommen aus den umliegenden Schulen, um ihre Mittagspause im Jugendcafé zu verbringen. Gekocht wird ums Eck im Mehrgenerationentreff Holzerbau – von Auszubildenden, denen der gemeinnützige Bildungsträger BIB eine Chance im Berufsleben gibt.

TIPP: Musik, Filme und Firlefanz gibt's im Indoor-Flohmarkt »Diverses« auf der anderen Straßenseite, zwei Minuten Fußweg stadteinwärts. Um das Taschengeld aufzustocken: einfach ein Regal mieten und eigene Sachen verkaufen lassen!

Adresse Friedberger Straße 143, 86163 Augsburg-Hochzoll, www.bibaugsburg.de/alte-schule-jugendcafe // **ÖPNV** Tram 6, Haltestelle Hochzoll-Mitte // **Öffnungszeiten** Jugendcafé: 11.30 – 14 Uhr, Jugendhaus: Mi, Do 16 – 20 Uhr, Fr 16 – 21 Uhr // ab 14 Jahre (schnuppern: 11 – 13 Jahre)

3_DAS ALTE STADTBAD

Stilvoll ein paar Bahnen ziehen

»Ist das echt ein Schwimmbad?« Wow! Hohe Jugendstilsäulen, Glasfenster mit blauen Wellen und Retro-Holzkabinen rund ums Becken, für die nur der Bademeister den Schlüssel hat – so sieht das Alte Stadtbad in der Innenstadt von Augsburg aus.

Nacheinander schieben sich erst die Fußspitze, dann der Knöchel und schließlich das Knie ins Becken – dann folgt die Entwarnung: »Kinder, das Wasser ist echt angenehm!« Was anderswo als »Warmbadetag« gilt, gibt's hier immer: wohlig warme 29 Grad Celsius. Dafür muss man auf Babyschwimmen, Piratenschiffe, dunkelrote Lärmampeln und das Risiko, dass einem jemand auf den Kopf springt, komplett verzichten. Stattdessen herrscht hier einfach nur – Ruhe.

Das soll Kindern Spaß machen? Klar, denn hier kann man genau das tun, wozu Schwimmbäder ja bekanntlich gut sein sollen: einfach ein paar Bahnen ziehen. Und die Kinder üben fleißig mit, damit sie in der dritten Klasse in die »Schwimmergruppe« dürfen.

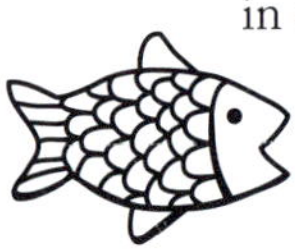

Die Bahnen sind nicht zu lang, das motiviert: »Wer schafft zwei am Stück?« In der Männerhalle sind es 22, in der Frauenhalle 17 Meter. Nur nicht von den Namen verwirren lassen: Gebadet wird heute gemischt! Bei der Einweihung 1903 war es, nach München, das zweite Volksbad in Bayern, wo man seine Körperhygiene verrichtete – heute ist es eines der ganz wenigen noch erhaltenen Jugendstilbäder in Deutschland. Die Preise stimmen auch nostalgisch: 60 Cent kostet das Baden für Kinder unter sieben Jahren. Dafür gibt's woanders gerade mal einen Lolli am Badekiosk.

Adresse Leonhardsberg 15, 86150 Augsburg-Innenstadt, www.augsburg.de/freizeit/baden/hallenbaeder/altes-stadtbad // ÖPNV Tram 1, Haltestelle Barfüßerbrücke/Brechthaus // Öffnungszeiten Mo 8–19 Uhr, Di 8–19.30 Uhr, Mi–Fr 8–21 Uhr, Sa, So 10–18 Uhr // ab 0 Jahre

TIPP: Sommer-Idee: Im Freibad Lechhausen ist das Wasser zwar nicht geheizt, dafür ist der Eintritt aber frei! Einen Kleinkinderbereich gibt's auch. Zehn Radl-Minuten entfernt.

4_DIE APFELBAUM-REIHEN

Süße Früchte ohne Leiter pflücken

Erntezeit! Rein in die Gummistiefel, raus aufs Feld! Selbst pflücken geht auch für das Stadtkind ohne eigenen Garten. Dazu muss man nur 15 Autominuten aus Augsburg raus, auf die Apfelplantage von Mahl's Obsthof. Gleich hinter Friedberg, in Richtung Dasing, wartet das Pflückparadies.

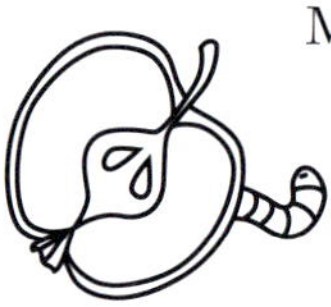

Zuerst wird der Korb an einem Verkaufshäuschen aus Holz gewogen, das Leergewicht später abgezogen. Papas Hilfe? Oder gar eine wackelige Leiter? Das braucht man kaum, denn viele Äpfel und Birnen hängen gerade mal eine Armlänge entfernt. Ab dem Schulalter kommt man an die unterste Apfelreihe gut ran – je nach Baum natürlich. Manche Sorten schmecken säuerlich, andere süßlich – alle jedoch wunderbar aromatisch und knackig! Ihre Namen kennt man: Elstar, Topaz oder Jonagold. Spätestens bei den Birnen oben am Hang erfährt man aber auch, wie ein Alexander Lukas schmeckt.

Den naturtrüben Apfelsaft, den es am Stand gibt, lieben Kinder, auch in Sachen Fruchtaufstrich und Beeren wird man hier fündig. Regionale Erdbeeren gibt es sogar noch im Oktober! Die wachsen am Stammsitz von Mahl's Obsthof in Haunsried, noch mal 15 Autominuten von der Apfelplantage entfernt. Ein Ausflug dorthin ist mehr als ein Pflück-Event: Im Hofladen gibt es Obst und Gemüse vom eigenen Feld, aber auch Säfte oder Trockenfrüchte, im Hofcafé selbst gebackenen Kuchen und nebenan einen Spielplatz. Ein Hit ist das Apfelfest im Herbst, mit Saftpressen und Strohballentoben. Und im Winter wärmen Himbeer- und Apfelpunsch die Finger. Lecker!

TIPP: Wer noch Energie hat, kann sich auf dem modernen Abenteuerspielplatz im Friedberger Schlosspark auf dem Kletterturm oder in der Röhrenrutsche auspowern.

Adresse Apfelanlage Friedberg // Anfahrt B 300 (Aichacher Straße) von Friedberg aus in Richtung Dasing fahrend kommt die Apfelanlage nur wenige Meter nach dem Ortsende-Schild (in der Saison gibt es ein großes Banner) // Öffnungszeiten Mitte Sept. bis etwa Mitte Nov. Do, Fr 14–17 Uhr, Sa, So 11–16 Uhr // ab 0 Jahre // Stammsitz: Mahl's Obsthof (Hofladen, Café, Spielplatz), Haunsried 1, 86559 Adelzhausen // Öffnungszeiten siehe Homepage // ab 0 Jahre

5_ DER ARCHÄOLOGISCHE GARTEN

Mal schauen, wie die Römer so kochten

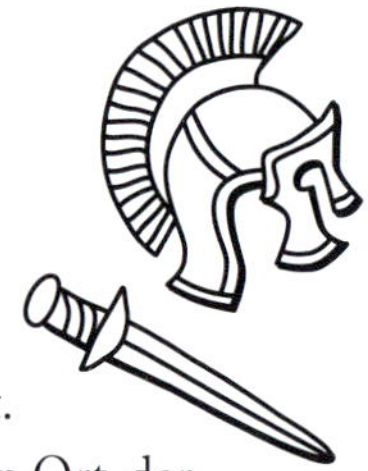

Manchmal möchte man einfach an die frische Luft. Mit dem Kind an der Hand über holpriges Kopfsteinpflaster hüpfen und Zufallsorte in der Stadt entdecken: da eine Nischenfigur, dort ein Löwenzahn im Asphalt.

Der Archäologische Garten im Domviertel ist so ein Ort, der sich prima »im Vorbeigehen« entdecken lässt: Er versteckt sich hinter einer Mauer mit Buntglas. Wer hineinlugt, wird überrascht: römische Säulenstümpfe und Steinquader, mit Pflanzen schön in Szene gesetzt und durch ein paar Stufen erhöht, alles im Freien. Ein Regendach schützt die antike Fußbodenheizung und den Küchenherd, die zeigen, wie fortschrittlich die Römer vor 2.000 Jahren waren.

Augsburg war früher die Siedlung Augusta Vindelicum: Das macht die Stadt zur einzigen echt römischen Stadt in Süddeutschland – neben Mainz und Trier.

Entdeckt wurden die Funde zufällig: Als in den 1990er Jahren Bagger anrückten, stießen sie auf das antike Fundament. Eine anderthalb Meter dicke Erdschicht bedeckte die Mauerreste. Dann entdeckte man ein römisches Forum, einen Marktplatz, einen Tempel und eine Therme – in unmittelbarer Umgebung des kleinen Gartens. Das alles war lange überbaut, unter anderem durch ein Gefängnis. Nachdem man auf die Mauern gestoßen war, wurde schließlich klar: Hier kann kein Haus gebaut, dafür aber ein archäologischer Garten eingerichtet werden – kostenlos und für alle. Und das tat man 2013: eine kleine Oase, in der man auf dem Stadtspaziergang mit Kind kurz durchatmen kann.

Adresse Äußeres Pfaffengäßchen 9, 86152 Augsburg-Innenstadt // ÖPNV Tram 2, Mozarthaus/Kolping // Öffnungszeiten Di–So 10–17 Uhr (außer bei Schnee und Eis), Eintritt frei // ab 0 Jahre

TIPP: Vermutlich wird es den Kindern nur ein müdes »Aha« entlocken. Aber hallo, wer hat schon mal das Haus des Dichters gesehen, der die Verse des weltberühmten Weihnachtslieds »Ihr Kinderlein kommet« geschrieben hat! Christoph von Schmid wohnte in der Karmelitengasse 2.

6_DIE AUTOWASCHSTRASSE

Waschen, bürsten, föhnen, bitte!

Vermutlich gibt es nur zwei Arten von Familienautos: solche, in denen noch nie ein Krümelkeks spurlos in der Rückbank verschollen ist, da das Trio »Kinder, Kekse und Autos« beizeiten als inkompatibel erkannt wurde; und jene, in denen man über die Originalfarbe der Sitzpolster nur noch vage Vermutungen anstellen kann. Keksbraun? Bananenmusgelb?

Spätestens dann wissen alle Beteiligten, was zu tun ist: »Das Auto müsste mal wieder gewaschen werden!« Die Wahl fällt auf die moderne Waschstraße »World of Car Wash« in Haunstetten. Dort ist mal ein Radiomoderator, als PR-Gag, mit dem offenen Cabrio durchgefahren – und war, klar, so was von pitschnass.

Ein Mitarbeiter braust zunächst den gröbsten Dreck ab, dann rollt das Auto in die Waschstraße. Alle bleiben sitzen. Plötzlich spritzt und zischt das Wasser auf die Scheiben, weißer Schaum überzieht die Fenster, und mächtige Bürsten walzen erst einmal quer übers Dach und dann noch auf beiden Seiten längs an den Scheiben vorbei. Das Ganze wirkt wie ein 3-D-Film: Action! Bei jeder Walze zieht man den Kopf ein wenig ein. Irgendwann pustet das Gebläse die letzten Wassertropfen vom Lack, fast wie im Friseursalon. Hehe, das war ulkig!

Nun müssen noch die Keks-Mumien aus dem Wagen weg, ehe sie zu grünem Staub zerfallen. Platz eins und zwei bei den Staubsauge-Plätzen machen den Kindern Spaß und sind ein Geheimtipp: Dort lassen sich andere Autos beobachten, die gerade durch die Waschstraße rollen. Ganz großes Kino!

TIPP: Bei Sonnenschein gibt's knusprige Pizza auf der großen Terrasse im Leonardo da Vinci fast ums Eck, wo sich die Kids hinter Hecken auf dem hübschen Mini-Spielplatz verstecken können.

Adresse Josef-Schorer-Straße 15, 86179 Augsburg-Haunstetten, www.world-of-carwash.de // Öffnungszeiten Mo – Sa 8 – 20 Uhr // ab 4 Jahre

7_DIE BADEFONTÄNE

Urlaubsfeeling im Bismarckviertel

Augsburgs Stadtfarben erinnern an Italien: Grün, Weiß und Rot. Das Lebensgefühl ist manchmal auch südländisch, alles spielt sich draußen ab. So wie auf dem Theodor-Heuss-Platz im Bismarckviertel. Die Stimmung ist lässig: moderne Bodenplatten, ein wenig Rasen, Ziergräser, Blumen, »Urban-Gardening«-Hochbeete und Sitzbänke. In der Mitte das Highlight: neun Löcher, aus denen Wasser sprudelt.

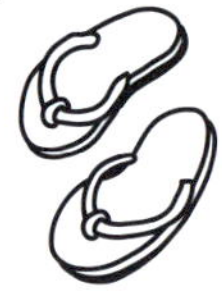

Im Sommer nach Feierabend ist der Platz ein Familientreffpunkt. Schon die ganz Kleinen stapfen durchs Wasser, halten ihre bunten Gießkannen hin und warten, bis das Wasser rauskommt. Und wieder aufhört. Dann gilt es, die nächste Runde abzuwarten. Und prompt geht das Wasser wieder an, sprudelt in die Höhe, blubbert in den Wassereimer und lässt die Kleinen glucksen. Stundenlang rennen die Kinder da durch, pritscheln und haben einfach Spaß.

Manche tragen noch Schwimmwindeln, andere schon Badehosen. Mütter sitzen auf der Wiese, ältere Frauen und Männer auf den Bänken, Papas kommen in Krawatte vorbei. Es ist ein buntes Miteinander, bei dem man ein wenig »People-Watching« betreibt und andere Eltern kennenlernt. Bio-Reiswaffeln und Karottensticks werden ausgetauscht, Gießkannen und Eimer ohnehin. Vor ein paar Jahren war das noch undenkbar, der Platz – eine ehemalige Gleiswendeschleife der Straßenbahn – wirkte total vergessen, zugewuchert und wenig attraktiv. Und nun ersetzt er für viele sogar den Besuch im Freibad, denn die Atmosphäre ist echt ein wenig wie in Bella Italia.

TIPP: Perfekt wird das Urlaubsfeeling in der Bismarckstraße, wenige Fußminuten stadtauswärts: Leckeres Bauernhofeis gibt's im urbanen Hofladen »Lokalhelden« oder, zwei Häuser weiter, Bio-Eis im Ladencafé »Malzeit«.

Adresse Theodor-Heuss-Platz, 86150 Augsburg-Innenstadt, barrierefrei // **ÖPNV** Tram 2, 3, 6, Haltestelle Theodor-Heuss-Platz/IHK // **Öffnungszeiten** immer geöffnet // ab 0 Jahre

8_DER BAHNPARK

Wie kommt die Lok Emma da eigentlich rein?

Emma kennt in Augsburg jedes Kind: Die dicke, kleine Lokomotive dreht ihre Runden auf Lummerland, der Insel mit den zwei Bergen. So hat sie Michael Ende in seinen Kult-Büchern erfunden, so wurde sie von der Augsburger Puppenkiste dargestellt. Was nicht jeder weiß: Emma gibt es in echt! Im Hochfelder Bahnpark ruht sie sich von ihren Abenteuern aus. Lukas der Lokomotivführer und Jim Knopf leisten ihr Gesellschaft – als Pappaufsteller. Die gerade einmal 4,5 Tonnen schwere Emma wurde früher bei der Torfgewinnung, später in einem Kieswerk eingesetzt. Als sie in den Bahnpark kam, kam sie auch zu ihrem Namen, da sie wie die Phantasielok aus der Fernsehproduktion der Augsburger Puppenkiste aussieht.

Emma ist im Rundhaus Europa in bester Gesellschaft: Wunderbare alte Lokomotiven und Züge aus ganz Europa, etwa aus Frankreich oder Slowenien, gibt es zu bestaunen. Jeder, der diesen Ringlokschuppen betritt, fragt sich aber vermutlich: Wie kommen die Lokomotiven da eigentlich rein? Dazu muss man hinter die Halle, wo die Gleise zu einer Drehscheibe führen. Beim Rangieren werden die Loks damit auf das Nachbargleis »gedreht«. Wie das funktioniert, wird regelmäßig vorgeführt. Das finden nicht nur kleine Zug-Fans spannend!

Ein echter Hit ist übrigens auch die Mini-Bahn: Die Kinder sitzen hintereinander, der Lokführer steuert die Elektro- oder Dampflok auf schmalen Gleisen quer über das 1996 stillgelegte Bahngelände, das seither restauriert wird. Alle einsteigen, bitte!

Adresse Firnhaberstraße 22c, 86159 Augsburg-Hochfeld, www.bahnpark-augsburg.de // **ÖPNV** Bus 41, Haltestelle Hennchstraße // **Öffnungszeiten** Mai–Okt. jeden So 11–16 Uhr // ab 1 Jahr

TIPP: Im Sommer kann man sogar vom Bahnpark aus mit der Dampflok bis an den Ammersee schnaufen! Infos auf der Homepage.

9_ DAS BALLONMUSEUM

Total abgehoben über den Alpen

Ein Heißluftballon am Himmel ist schon ein Event: Da schwebt eine bunte Hülle über weißen Schäfchenwolken, ohne abzustürzen. Wie funktioniert das eigentlich, so ganz ohne Lenkrad, will das Kind wissen. Die Antwort gibt's im Ballonmuseum Gersthofen im Norden von Augsburg. Es ist das einzige seiner Art in Deutschland, in dem sich alles nur ums Ballonfahren dreht.

Mit dem Lift geht es hoch zum Ballonkorb, in den gerade mal zwei Kinder passen. Dann geht die Reise los, aber leider nur in der Phantasie: Der Korb ist nämlich am Geländer befestigt und »schwebt« über den schneebedeckten Alpen. Schaut man hinab, sieht man die Welt genau so, wie sie die Mitfahrer der ersten Ballonüberquerung über die Alpen erlebt haben dürften – so klein wirken die Ötztaler Alpen aus einem Heißluftballon!

Das Museumsgebäude ist ein echter Hingucker: Als es 1985 eingeweiht wurde, war es im alten Wasserturm auf fünf Etagen untergebracht. Dann wurde angebaut: Man platzierte einen »echten« Heißluftballon im Foyer und baute alle Gänge spiralförmig außenrum. Er ist ein Nachbau der »Erdlieb« von 1786, mit dem Baron von Lütgendorf als erster Deutscher starten wollte. Er probierte es erst in Augsburg, scheiterte, wurde aus der Stadt verbannt und versuchte sein Glück im benachbarten Gersthofen – auch hier leider ohne Erfolg.

Es gibt viele bizarre Dinge wie die Druckkugel zu entdecken, und immer wieder geht es um den Traum vom Fliegen, der die Menschen seit 250 Jahren antreibt – prima erklärt für Kinder.

TIPP: Verschaukelt wird man im Wellenbecken des Freibads Gerfriedswelle in Gersthofen nicht, nur wunderbar hin und her gewogen.

Adresse Bahnhofstraße 12, 86368 Gersthofen, www.ballonmuseum-gersthofen.de, größtenteils barrierefrei // **ÖPNV** Tram 4, Haltestelle Oberhausen P+R, weiter mit Regionalbus 52, 54, 56, Haltestelle Gersthofen Rathausplatz // **Öffnungszeiten** Mi, Fr 13–17 Uhr, Do 10–18, Sa, So 10–17 Uhr, Kinder unter 6 Jahre frei // ab 4 Jahre

10_DER BARFUSSPFAD

Kribbeln blaue Glitzersteine eigentlich?

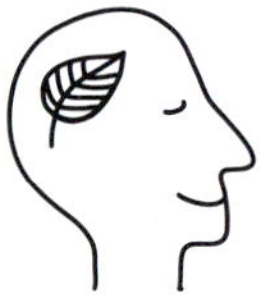

Sandalen aus und los geht's! Kinder lieben es, barfuß zu laufen. Im »Park der Sinne« in Königsbrunn kann man seine Umwelt mit allen Sinnen erleben. Der Barfußpfad ist ein echter Hingucker, da er wie ein kleines Kunstwerk bunt und vielfältig gestaltet wurde. Schon beim Hinschauen kribbelt, zwickt und pikst es!

Zuerst werden die Füße auf das vorbereitet, was dann folgt. Das machen die großen Besucher auch: Wie der Klapperstorch watet man mit großen Schritten durch das klirrend kalte Kneipp-Becken. Die Sandalen bleiben am Beckenrand, dann beginnt das große Zwacken: Die Fußsohle spürt verschiedenartige Naturmaterialien wie Kieselpflaster, Quarzsand, Fichtenzapfen, Pinienrinde, Holzhäcksel und Korkgranulat. Dazwischen gilt es, über einen Baumstamm zu balancieren, der den Gleichgewichtssinn ganz schön herausfordert. Es geht an Heilkräuter-Beeten vorbei – das duftet, riecht und trainiert alle Sinne.

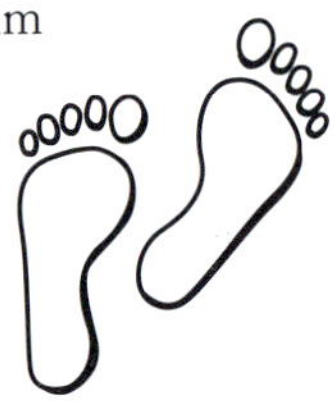

Doch welches Feld entlang dem Sinnespfad macht nun am meisten Spaß? Zu den Favoriten bei den Kindern gehört eindeutig das dunkelblaue Glasgranulat, das natürlich nicht scharfkantig ist und in der Sonne so herrlich glitzert – das gibt's wirklich nicht überall. Mandelschalen sind ebenfalls ungewöhnlich. Wie wäre es mit Fichtenzapfen? Nein, die piksen nun doch zu arg. Am Ende des Weges steht – trotz hübscher kobaltblauer Farbe – dann doch ein anderes Lieblingsfeld des Barfußpfades fest: feinster Sand, der zwischen den Zehen zerrinnt, da fühlt man sich fast wie am Meeresstrand!

TIPP: Ab auf den 24 Meter hohen Ulrichshügel nebenan! Von dort hat man einen tollen Ausblick bis nach Augsburg. Wer im Winter kommt, flitzt einfach mit dem Rodel runter.

Adresse Untere Kreuzstraße (Sport- und Freizeitpark West), 86343 Königsbrunn // **ÖPNV** Regionalbus 740 (ab 2022: Tram 3), Haltestelle Königsbrunn-Zentrum // **Öffnungszeiten** Mai–Okt. 6–22 Uhr, Eintritt frei // ab 0 Jahre

11_DER BASTELKIOSK

Schnippeln, was die Schere hält!

Bunte Pompons, Papierschnipsel und Glimmer verwandeln das Papphaus in ein Märchenschloss. Die vierjährige Rosa ist in ihrem Element: Vor ihr breitet sich ein großer Tisch aus, und das Mädchen schnippelt, klebt und malt – bis es zufrieden ist.

Der Bastelkiosk im Bismarckviertel ist ein echter Lieblingsort, um kreativ zu werden. Einmal pro Woche am Nachmittag öffnet Marlene Kröhnert ihre Türen für alle, die spontan vorbeikommen wollen: Bei der »Bastelbande« zaubern Do-it-yourself-Fans ab drei Jahren gemeinsam mit Mama oder Papa Kinderzimmer-Deko oder gestalten Stempelbilder. »Sich einfach ausprobieren«, das liege ihr am Herzen, sagt Marlene Kröhnert. Abgerechnet wird mit einer hübsch gestalteten Streifenkarte wie bei der Tram, mit der man flexibel bleibt und vorbeikommt, »wenn es reinpasst«.

Frischgebackene Mamas mit Baby werkeln in der »Tutti-Mutti«-Gruppe an Kinderwagenketten oder U-Heft-Hüllen. An Platz zum Stillen und Wickeln wurde auch gedacht. Für die Größeren werden Kindergeburtstage organisiert. Für Teenager, Mama, Oma und Co. gibt es weitere Kurse wie Handlettering, die auch bei Partnern wie dem Textil- und Industriemuseum (tim) angeboten werden.

Wer will, bestellt sich eine »Bastelbox« ins Haus. Die Idee entstand in der Corona-Zeit. Zudem wurden Online-Bastelkurse eingeführt, bei denen sich Kind, Mama und die Oma in der Ferne verabreden können, um gemeinsam eine neue Technik zu lernen – mit Tipps und Input vom Bastelkiosk.

Adresse Neidhartstraße 7, 86159 Augsburg-Innenstadt, www.bastelkiosk.de // **ÖPNV** Tram 2, 3, 6, Haltestelle Rotes Tor // **Öffnungszeiten** Kurse und Veranstaltungen nach Voranmeldung, siehe Homepage // 0–1 Jahr (Tutti Mutti), ab 3 Jahre (offene Bastelbande)

TIPP: Nur ein paar Schritte entfernt gibt es am Nostalgie-Kiosk »Bahnsteig« leckere Panini, selbst gebackenen Kuchen und Bio-Eis.

12_DER BAUERNMARKT DASING

Tiere, toben und tafeln – ein tolles Trio

Nudeln gehen immer: mit Schokoladengeschmack, als Mini-Lokomotiven oder dreifarbige Suppenkringel. Die Regale im Bauernmarkt Dasing sind hoch und weit. Mit dem Einkaufswagen geht es durch den riesigen Hofladen. Das Kind wählt selbst aus, was demnächst auf den Tisch kommt. Alles vorrangig regional, ohne lange Transportwege – von Apfelchips bis Zwetschgenmarmelade. Elf Landwirte haben sich vor rund 20 Jahren zusammengetan, um Obst, Likör, Wurst oder Brot vom eigenen Hof und weiteren regionalen Erzeugern zu verkaufen – das größte »bäuerliche Direktvermarktungsprojekt« Bayerns, eine echte Erfolgsgeschichte.

Der Bauernmarkt ist so eine Art All-in-one-Paket: Markthalle, Gastro und viele Lieblingsecken für Familien. Auch für solche, deren Kühlschrank sonntags öfter mal leer ist. Einkaufen geht nämlich an 364 Tagen im Jahr – nur an Weihnachten bleibt das Licht aus.

Bei Schmuddelwetter ist die große Spielecke im Restaurant der Hit: Während Mama und Papa entspannt brunchen oder selbst gebackenen Kuchen naschen, schiebt das Kind nebenan Lernspiele aus Holz umher, malt an der Tafel oder guckt aus der riesigen Glasfassade direkt auf die Autobahn nach München und Stuttgart, wo in der Ferne viele Autos vorbeirollen.

TIPP: Zum Abkühlen geht's ins Freibad Dasing, direkt nebenan. Die ganz Kleinen planschen schön schattig.

Im Sommer sitzt man im Biergarten unter schattigen Bäumen, während der Nachwuchs am Zaun kuschelige Ziegen anlockt, Wipptiere beschaukelt oder mit der Seilbahn über den Spielplatz fegt. Es gibt Wickelmöglichkeiten, und man kann sich den Babybrei aufwärmen lassen – wenn Nudeln noch nicht angesagt sind.

Adresse An der Brandleiten 6, 86453 Dasing, www.bauernmarkt-dasing.de, barrierefrei // Anfahrt A8, Abfahrt Dasing, der Beschilderung im Kreisverkehr folgen // Öffnungszeiten täglich (auch So und feiertags) 8–18 Uhr // ab 0 Jahre

13_DIE BETONSCHAFE

Schäfchen zählt man jetzt tagsüber

Schäfchen zählen? Jetzt mal Hand aufs Herz, liebe Eltern da draußen: Diesen Einschlaftipp kann man sich eigentlich getrost schenken, oder? Das Kind kann nämlich noch gar nicht zählen. Und wenn es endlich eingeschlafen ist, döst man vermutlich selbst in Windeseile ein – irgendwo zwischen Wäscheberg, Geschirrturm und Fernbedienung.

Damit es gefühlt nicht noch Lichtjahre dauert, bis man zum Schäfchenzählen kommt und mal mitreden kann: Ab auf die Provinowiese neben dem Staatlichen Textil- und Industriemuseum (tim)! Dort grasen Schafe. Große, kleine, dicke und dünne. Sie zu zählen macht schon den ganz Kleinen großen Spaß. Oder sagen wir es mal so: Gerade ihnen macht es Spaß, denn die Schafe bewegen sich nicht – sie sind nämlich aus Beton und daher mehr als geduldig.

Die 19 Skulpturen wirken erstaunlich echt. Kinder lieben es, die Betonschafe zu streicheln und mit ihnen zu reden. Vor allem die Allerkleinsten, denn die Schafe sind schließlich fast auf Augenhöhe. Draufsetzen? Lieber nicht. Die Tiere haben nämlich keine Ohren mehr. Die haben Randalierer nachts mal abgeschlagen (»Mama, wer macht denn so was?«), und sie wurden nimmermehr gefunden.

Die Schafherde ist eine Hommage an die Lechschäfer, die mit ihren Schafen durch die Lechauen und Heide rund um Augsburg zogen. Jährlich verkauften sie bis zu 100 Tonnen Schafwolle, die in den Stoffmanufakturen im heutigen Textilviertel verarbeitet wurden – also nur wenige Meter entfernt.

Adresse Oberbürgermeister-Hohner-Straße/Provinostraße, 86153 Augsburg-Textilviertel // **ÖPNV** Tram 6, Haltestelle Textilmuseum // **Öffnungszeiten** immer geöffnet // ab 0 Jahre

TIPP: Bella Italia im Textilviertel: In der Espresso Bar Valeria knabbern Mama und Papa Tramezzini und Dolci, und die Kinder flitzen nach dem hausgemachten Gelato auf dem autofreien Platz davor herum.

14_DAS BIBERREVIER

Putzige Nager mitten in der Stadt

Nanu? Da plätschert der Stadtbach ganz gemütlich, und dann plötzlich: ein Wall aus Stämmen und Zweigen. Da kommen nicht mal die Stockenten durch, die gerade eine Runde drehen. Nur wenige Meter weiter liegt ein Baumstamm, fein säuberlich angeknabbert. Man muss kein Experte sein, um das Biberrevier zu erkennen! Die putzigen Nager leben mitten in der Stadt – vom Arthouse-Kino Liliom bis zur Schwedenstiege reicht ihr Revier. Doch von den Bibern: keine Spur. Die kommen erst in der Dämmerung hervor, um geschäftig zu bauen. Jetzt fehlt nur noch ein Foto! Die Finger sind klamm, der Auslöser gezückt – doch gerade heute lassen sich die Biber nicht blicken. Sorry, liebe Leser!

Macht nichts, ihr Revier ist auch sonst wirklich cool und einzigartig: Von der Fußgängerbrücke vor dem Liliom schaut man auf die gusseiserne Zirbelnuss-Kanal-Brücke. Innerer Stadtgraben und Stadtbach treffen sich an der letzten oberirdischen Wasserkreuzung der Stadt. Der eine Bach führt Trinkwasser, der andere Nutzwasser. Damit das Wasser sich nicht vermischt, bleiben die Bäche getrennt – mit Hilfe der historischen Wasserbrücke!

Die nächste Überraschung im Liliom, das im alten Pumpenhaus des Unteren Brunnenwerks untergebracht ist: ein verglastes Bodengitter im Foyer – und darunter fließt der Stadtbach! Neben dem Kino versteckt sich im Sommer ein toller Biergarten mit Wunschbrücke, in die man eine Münze werfen darf! Filme für Kinder gibt es ab und zu auch. Die möchten sich aber lieber die Biber anschauen, wetten?

Adresse zwischen Unterer Graben und Mauerberg, neben Kino Liliom, Unterer Graben 1, 86152 Augsburg-Innenstadt // ÖPNV Tram 1, Haltestelle Barfüßerbrücke/Brechthaus // Öffnungszeiten immer geöffnet // ab 0 Jahre

TIPP: Die perfekte Welle versteckt sich im Stadtbach, wenige Meter südlich der Wasserkreuzung. Um sie zu sehen, muss man sich auf dem Parkplatz des Alten Stadtbads oder auf der Fußgängerbrücke vor dem Kino Liliom platzieren und kann von dort prima gucken, ob gerade jemand surft.

15_DER BIENENPARK

Abenteuer auf der Blumenwiese

Eine echte Königin mit großem Hofstaat! Das klingt beeindruckend. In Neusäß trägt sie zwar weder Krone noch Zepter, dafür trifft man Ihre Majestät mitsamt fleißigen Untertanen dort ganz unkompliziert: im neu angelegten Bienenpark, wo man ohne Anmeldung und Eintritt einfach mal vorbeischauen kann.

Ein kurzer Schotterweg führt hinein. Überall surrt und brummt es. Die schwarz-gelben Tierchen schwirren über eine bunte Blumenwiese. Drei Bienenstöcke verteilen sich auf fünf Pflanzzonen. Baumstämme, sogenanntes Totholz, sind ganzjährig Lebensraum. Wildbienen nutzen die Stämme als Nisthilfen. Wabenförmige Beete mit Lieblingspflanzen der Bienen sollen Besucher zum Nachmachen im eigenen Garten inspirieren.

Spannend ist das Bienenvolk hinter Glas: Kinder können die nützlichen Tiere aus nächster Nähe bei der Arbeit beobachten. Dazu klappt man eine Holztür auf (die man natürlich wieder zumacht) und sieht die fleißigen Arbeiterinnen in den Waben umherwuseln. Wer genau hinschaut, sieht den Pollenstaub an den Flügeln der Arbeiterinnen. Pssst! Dann kann man sie besser hören!

Übrigens: Klar macht man sich gern schick für die Königin, aber beim Besuch im Bienenpark sollte man lieber auf duftendes Fruchtshampoo verzichten. Ach ja, und keine Blumen pflücken, auch wenn die Wiese im Sommer noch so üppig und kunterbunt blüht – denn das ist der Esstisch der Bienen. Für Kinder ab dem Kindergartenalter oder für Schulklassen werden auch Führungen angeboten.

TIPP: Wasser marsch!
Klettern, matschen und im Tipi spielen, danach noch ein Picknick an den Tischen: Der große Wasser- und Abenteuerspielplatz Neusäß-Hammel ist zum Auspowern da – und genau schräg gegenüber!

Adresse Mühlbachstraße, 86356 Neusäß (zwischen Ottmarshausen und Hammel, am Weldenbahn-Radweg), www.neusaess.de/bienenpark // ÖPNV Regionalbus 51, Haltestelle Mühlbachstraße // Öffnungszeiten immer geöffnet // ab 3 Jahre

16_DER BISMARCKTURM

Erklimme die Stufen! Oder das Berginnere?

Ein Turmgespenst gibt es zwar nicht, dafür aber einen prima Ausblick auf Augsburg! 91 Stufen führen auf den Bismarckturm. Er thront auf einer Hügelkuppe in Steppach an der westlichen Stadtgrenze. 70 Meter überragt der Berg seine Umgebung, das verspricht luftigen Drachenspaß im Herbst und rasantes Rodelvergnügen im Winter – da macht es fast nichts, dass die Stiegen in der kalten Jahreszeit gesperrt sind.

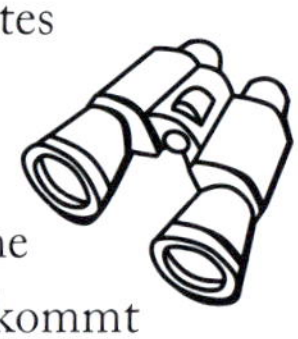

Denn: Immerhin hat er ja Treppen! Der 20 Meter hohe Turm ist nämlich keine Einzelanfertigung, sondern kommt »von der Stange«: In ganz Deutschland gab es 47 baugleiche Türme – doch nur 33 wurden mit Treppen ausgestattet. Bei den übrigen reichte das Geld nicht. Um Kosten zu sparen, verwendete man den gleichen Bauplan: das Modell »Götterdämmerung« hatte sich 1899 bei einem Wettbewerb durchgesetzt. Das Einheitsmodell umfasste früher eine große Feuerschale, damit man den Turm aus der Ferne sehen konnte. Ende des 19., Anfang des 20. Jahrhunderts wurden zahlreiche Bismarckdenkmäler durch private Spenden gebaut, zu Ehren des ersten deutschen Reichskanzlers Otto von Bismarck.

Unter dem Hügel wird es nass: Dort lagern unglaubliche 25 Millionen Liter Trinkwasser in einem Hochbehälter, dessen Decke von 76 Säulen getragen wird. Es ist Augsburgs größter und wichtigster Trinkwasserspeicher. Über einen Feldweg unterhalb des Bismarckturms gelangt man hinein – aber nur im Rahmen einer Führung. Und trifft vielleicht Kellergeister, wenn es oben schon kein Turmgespenst gibt.

TIPP: Körbchen nicht vergessen! Im Frühsommer nascht man auf dem Selbstpflücker-Feld unterhalb des Turms wunderbar saftige Erdbeeren!

Adresse Bismarckstraße 18, 86356 Neusäß-Steppach // **ÖPNV** Tram 3, Endhaltestelle Stadtbergen, weiter mit Regionalbus 641, Haltestelle Am Katharinenberg // **Öffnungszeiten** April–Okt. 9–19 Uhr (Turm), Eintritt frei // ab 0 Jahre

17_DAS BLUEBERRIES

Rentiere und Einhörner in der Puppenstube

Cupcakes! Genau darauf hat sich die kleine Zuckerbäckerei mit Café am Jakoberplatz spezialisiert. Schon beim Betreten fühlt man sich wie in eine große Puppenstube in skandinavischem Stil versetzt: pastellfarbene Stühle, stilvolle Handlettering-Tafeln und bunt verzierte Cookies, die wie eine Wimpelkette nebeneinander über der Glastheke hängen.

An der Kuchenvitrine könnte man sich glatt die Nase platt drücken: Zu Ostern gibt es zauberhafte Cupcakes mit rosa Hasenöhrchen, zu Weihnachten Rentiere mit lustigen Gesichtern. Das übrige Jahr trifft man auf Eulen, Monster oder Klassiker mit Schokobananen oder Frucht-Topping. Der Renner für Kindergeburtstage sind jedoch Einhörner mit Regenbogen-Topping, sagt Inhaberin Martina Leyh, die aus jedem Cupcake fast ein kleines Kunstwerk zaubert. Für Veganer und Allergiker hat sie auch immer mindestens eine Sorte in der Vitrine parat.

In einer gemütlichen Sitzecke, mit Baby-Hochstuhl, können sich Naschkatzen etwas Leckeres gönnen. Auf geblümten Vintage-Tellern und weißen Spitzendeckchen werden die Cupcakes serviert. Und fast fühlt man sich ein wenig wie in Omas Wohnzimmer – nur eben mit modernem Touch.

Noch ein paar für zu Hause? An der Theke verpackt Martina Leyh die kreativen Cupcakes in weiß-rosa Pappköfferchen, die das Kind stolz nach Hause trägt. Und der wunderbare Duft aus der Backstube bleibt auch draußen, an der frischen Luft, noch ein paar Schritte in der Nase.

Adresse Jakobsplatz 13, 86152 Augsburg-Innenstadt, Facebook: @Blueberries.Augsburg // **ÖPNV** Tram 1, Haltestelle Fuggerei // **Öffnungszeiten** Fr, Sa 11–17 Uhr, So 11–15 Uhr // ab 1 Jahr

TIPP: Kult-Zauberer Hardy (www.hardyzauber.de) wohnt gleich gegenüber in der ältesten Sozialsiedlung der Welt. Zaubertricks gibt's beim Ferienprogramm der Fuggerei!

18_ DIE BREITESTE RUTSCHE

Hier flitzt man nebeneinander um die Wette

Vier Kinder passen locker nebeneinander. Auf die Plätze, fertig – los geht's! Die Hangrutsche auf dem Spielplatz im Reesepark ist der vielleicht beste Platz, um ein Wettrutschen zu veranstalten. Mit Plastik-Matschhosen ist man definitiv im Flitze-Vorteil! 3-D-Feeling: Man rutscht direkt in eine weitläufige Kiesschlucht hinein. Wer wieder hinauswill, muss sich an Seilen den Hang hinaufziehen oder über Baumstämme hochklettern. Das geht auch mit Mama und Papa prima, die hier einfach mitmachen können.

Genau das macht einen der größten Spielplätze von Augsburg aus: Es gibt viel Platz für alle! Und neben der breitesten Spielplatzrutsche noch mehr: Wer groß genug ist, kann einen meterhohen Kletter- und Rutschturm hinauf, sich eine von drei Stahlröhren aussuchen – und ab in den weichen Rindenmulch rutschen! Oder erst mal eine Runde über einen von zwei Kletterparcours wagen – fast wie in einem Kletterpark, nur eben umsonst. Zum Chillen gibt es weiter südlich unverwüstliche Hängematten oder Riesenschaukeln. Im Winter ist der Rodelhügel angesagt, mit Treppe, Aussichtsplattform und lang auslaufender Trasse. Der Haken: Es ist immer was los!

Im Biergarten des Kulturhauses Abraxas nebenan kann man sich mit Eis oder Schorle versorgen. Es ist im Ex-Offizierscasino der US-Armee untergebracht, die bis Mitte der 1990er Jahre hier stationiert war. Zur Zwischennutzung waren im Kulturpark West viele Künstler ansässig, die 2019 umziehen mussten. Nun entstehen Wohnungen – nur das Abraxas bleibt.

Adresse Spielplatz im Reesepark, Am Exerzierplatz 15, 86156 Augsburg-Kriegshaber // ÖPNV Tram 2, Haltestelle Heimgarten, Bus 32, 35, Haltestelle Reinölstraße // ab 5 Jahre

TIPP: Im Südabschnitt des Reeseparks, nahe der Bürgermeister-Ackermann-Straße, können Skateboarder, Radfahrer und Inlineskater auf der großen und modernen Kraterlandschaft aus Beton herumflitzen – mit elf Vulkanen und vier Anlaufhügeln.

19_DER CHRISTKIND-AUTOMAT

Miniaturwelt hinter Glas

Der ganze Kirchhof passt in einen Glaskasten: ein weißes Gotteshaus mit Glockenturm, Tannen und geschnitzten Figuren – das Kirchenmodell in der Wallfahrtskirche St. Maria Loreto auf dem Kobelberg in Neusäß-Westheim.

Hübsch! Sobald man ein Zehnerl oder mehr einwirft, kommt Leben in die Vitrine: Das Licht geht an, die Glocke bimmelt, und die Kirchentür öffnet sich. Mit Heiligenschein gekrönt rollt das Christkind auf einer Einbahnschiene heraus. Ganz langsam segnet es die Kirchgänger, macht kehrt und verschwindet wieder hinter der Flügeltür. Was für ein Auftritt!

Der Christkind-Automat in der Kobelkirche faszinierte schon Generationen von Eltern und Großeltern. Seit 1932 verrichtete er treu seine Dienste. Bis zu jenem Tag – man mag es kaum glauben –, als die Holzfiguren mitsamt Kasse fort waren. Einfach herausgerissen! Nur das Christkind wurde verschont. Der Automat wurde in den Keller gepackt. Dann fand sich schließlich ein passionierter Bastler – ein Glücksfall –, der die alte Mechanik beherrschte. Er erweckte den wunderschönen Kasten wieder zum Leben! Nun dreht das Christkind in der Seitenkapelle erneut seine Runde auf der Schiene – allerdings nicht nur mit Gottes Beistand, sondern auch mit einem Schloss gesichert.

Übrigens gibt es nur noch wenige Münzkrippen dieser Art – daher sollte man sich diese bezaubernde Rarität unbedingt anschauen. Entzückend ist auch die große ganzjährige Krippe in der Hauptkirche, die nach Münzeinwurf leuchtet – so wie die Augen der Besucher.

TIPP: Wenn man schon mal oben auf dem Kobelberg ist: Am 18 Meter hohen Kobelkreuz die Aussicht genießen, durch den Kobelwald flitzen und im Winter durch den Schnee stapfen – entschleunigt die ganze Familie!

Adresse Kobelstraße 36, 86356 Neusäß-Westheim, www.pgneusaess.de // ÖPNV Tram 2, Haltestelle BKH, von dort 20 Minuten Fußweg // Öffnungszeiten tagsüber // ab 0 Jahre

20_DAS DECKENKINO

Alle Augen nach oben

Die vorwitzige braune Eule Augusta plaudert gern. Sie lebt im Augsburger Stadtwald und erklärt Kindern, warum der so wichtig für die Menschen ist. Wer Augusta treffen will, muss in die Waldlichtung. So heißt das Deckenkino im Forstmuseum Waldpavillon an der Sportanlage Süd am Siebentischwald.

Die Waldlichtung sieht wie eine aus: Die Wände sind mit braunen, grünen und weißen Streifen bemalt, die wie Bäume wirken. Auf Sitzsäcken in Waldfarben kann man es sich gemütlich machen, dann wandern alle Köpfe nach oben: Es ist Augustas großer Auftritt, der Film beginnt. Die Eulendame erzählt charmant, was beim Sturm mit ihrem Schlafbaum passiert ist, von köstlichen Wühlmäusen und der

Fotosynthese. Kein einfaches Thema, aber die Eule vermittelt es sehr anschaulich und witzig.

Schließlich verabschiedet sich Augusta. Im Winter lässt sie sich übrigens gern mal von einem Kinderfilm-Klassiker vertreten. Ansonsten wird ihr Film bei jedem Museumsbesuch gezeigt, das Deckenkino ist ihr Revier. Nach dem Film kann man die Außenwände der Waldlichtung ertasten: Wie fühlt sich das Holz von Linde, Kirsche oder Holunder an? Ein begehbares Luftbild zeigt den Stadtwald, man kann darauf Entfernungen und Flüsse messen. Oder in Tastkonsolen greifen oder Dioramen mit Dachsen, Bibern und Co. bestaunen.

Kindergeburtstage können mit Schatzsuche und Detektivtour gebucht werden. Oder Führungen in den Wald – und mit ein wenig Glück findet man einen neuen Schlafbaum für Augusta, der ihr sicherlich gefallen würde.

Adresse Forstmuseum Waldpavillon, Ilsungstraße 15a, 86161 Augsburg-Hochfeld, www.augsburg.de/waldpavillon // **ÖPNV** Tram 2, Sportanlage Süd P+R // **Öffnungszeiten** Okt.–März Sa, So 13–17 Uhr, Veranstaltungen und Filmprogramm siehe Homepage, Kinder unter 4 Jahre frei // ab 4 Jahre

TIPP: Lust auf eine Kletterpartie? Direkt nebenan kann man bouldern.

21_DIE DREHSCHEIBEN

Da kommt Schwung in den Biergarten

Es sind nur zwei Kreisel. Beide so groß wie Pizzateller, mit Kork überzogen und nur ein paar Zentimeter über dem Boden. Man kann sich draufstellen, doch mehr als ein, zwei Drehungen schafft keiner. Die meisten Großen laufen ohnehin zumeist vorbei. Auch wenn sie sehr zentral sind: direkt im Eingangsbereich des Biergartens Riegele unweit vom Hauptbahnhof. Eigentlich heißen die Kreisel ja »Bieromat«, und da soll man – mit Augenzwinkern – prüfen, ob man es nach entsprechendem Bierkonsum noch schafft, stehen zu bleiben. Kinder lieben diese Drehscheiben!

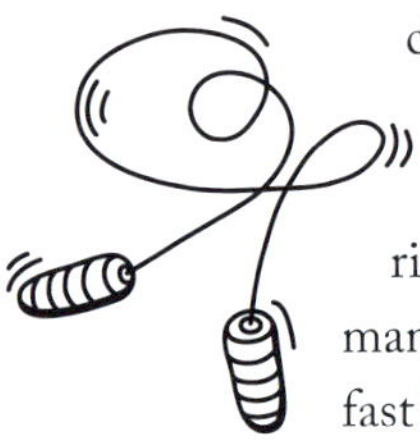

Im Riegele sitzt man, wie es sich für einen bayerischen Biergarten gehört: unter schattigen Kastanien, manchmal wird Blasmusik gespielt, und man fühlt sich fast wie auf dem Dorf. Nach alter bayerischer Tradition darf man hier sogar sein eigenes Essen mitbringen. Für die Kleinen gibt es Kinder-Bierbänke direkt neben dem Sandkasten und dem riesigen Klettergerüst mit Rutsche. Im Eck chillt man – man traut den Augen kaum – in echten Strandkörben. Auf der Slackline wird balanciert, nebenan kann man zum »Bierfass-Stemmen« antreten. Oder vielleicht schlürft man einfach ein kühles Spezi – das ist eine Augsburgerin, die 1956 von der Brauerei erfunden wurde. Seither werden alle Cola-Orange-Mischgetränke umgangssprachlich so genannt – auch von anderen Herstellern.

Eine Überraschung ist das Tandem-WC für Mama und Kind: In einer Doppelkabine gibt es ein kleines und ein großes WC – ohne Trennwand. Und einen Wickeltisch fürs Baby. Alle versorgt!

TIPP: Bei Schmuddelwetter geht's ganzjährig ins Riegele Wirtshaus nebenan, einfach über den Parkplatz. Ab in die Spielecke oder die rasante Stahlröhrenrutsche auf der Terrasse ausprobieren.

Adresse Frölichstraße 26, 86150 Augsburg-Innenstadt, www.riegele-wirtshaus.de // ÖPNV Tram 3, 4, 6, Haltestelle Hauptbahnhof // Öffnungszeiten April–Sept. (bei schönem Wetter) Mo–Sa 15–23 Uhr, So 11–23 Uhr // ab 0 Jahre

22_DAS EISAUTO

Der coolste Schaukelautomat der Stadt

Manchmal ist man einfach zu müde, um einen »richtigen« Ausflug zu planen. Oder Mama und Papa müssen noch was besorgen. Da kommt ein Abstecher in die City-Galerie gerade recht, in der die meisten Augsburger vermutlich schon mal waren.

Das Kinderglück versteckt sich oben, zwischen Supermarkt und Bäckerei: zwei Schaukelautomaten. Einer mit Ballerspielen, der andere einfach zuckersüß! Es ist ein kleines Eisauto in Rosa, Hellblau und Weiß – mit großen Kulleraugen. Und schon klettert das Kind rein. Dann wandert eine Münze in den Einwurfschlitz – und das Abenteuer beginnt. Es wackelt, ruckelt und blinkt, dann spricht das Auto mit tiefer, zerdehnter Stimme: »Nimm dir ein Eis, bleib cool!« Ein Satz, den man tagelang nicht mehr aus dem Kopf bekommt (unter uns: eher monatelang!).

Das Kind streckt den Kopf heraus und fragt, welche Sorte es sein darf. Wer gerade nicht am Lenkrad kurbelt, kann nämlich auf bunte Eisknöpfe drücken: Mama nimmt Erdbeer, Papa ein Stieleis und der große Bruder Vanille. So geht es ein paar Minuten lang, Phantasie-Eiswaffeln werden aus dem Schaukelauto gereicht. Andere Kinder bleiben mit leuchtenden Augen stehen, keiner läuft einfach weiter – ausgeschlossen: Das Wackelauto ist nämlich der heimliche Star. Und was die Kleinen glücklich macht, gefällt auch den Großen. Also raus mit dem Eisauto aus der elterlichen »Ach nö, muss das sein?«-Schublade. Schließlich sind Rollenspiele gut – und imaginäre Eissorten am allerbesten für die Zähne.

TIPP: Kinder fasziniert das Sushi-Laufband im »Tokyo« auf der gleichen Ebene in der City-Galerie: Dort ziehen auch Asia-Nudeln, Wok-Gemüse, Obst und Pudding vorbei, nach dem »All you can eat«-Konzept. Sparfüchse kommen vor 16 Uhr! (Mo–Sa).

Adresse Willy-Brandt-Platz 1, 86153 Augsburg-Innenstadt, www.city-galerie-augsburg.de // ÖPNV Bus 22, 35, Haltestelle City-Galerie/VHS, oder Shuttle-Bus ab Moritzplatz // ab 1 Jahr

23_ DIE EISENBAHN-GUCK-BRÜCKE

Der beste Platz für Trainspotter

Irgendwann ist sie plötzlich da, diese Phase: Dann sind Kinder von allem, was sich bewegt, total fasziniert. Bagger, Lastwagen und Züge stehen ganz oben auf der Liste. »Töff, töff, töff, die Eisenbahn …« wird zum Lebensmotto, und jeder Spaziergang muss unbedingt zu Orten führen, an denen Züge zu sehen sind. Und dann wird gewartet, bis noch eine und noch eine Eisenbahn vorbeirollt.

Der beste Platz zum »Trainspotting« in Augsburg ist vermutlich die Brücke in der Gögginger Straße mit direktem Blick auf Hauptbahnhof und Gleise. Dort muss man nie lange warten, bis ein Zug durchrauscht. Als Bonus gibt es Radfahrer, Autos und Trambahnen direkt auf der Brücke. Und eine Baustelle, denn der Hauptbahnhof wird großflächig umgebaut: Trams werden künftig unterirdisch fahren, und Eltern mit Kinderwagen kommen dann ohne Geschleppe aufs Gleis.

Glück gehabt: Gerade fährt ein ICE aus München ein, während eine gelb-blaue Regionalbahn kurz nach der Brücke ins Allgäu abzweigt. Dann stoppt ein mit Altmetall beladener Güterzug. Je nach Tageszeit sieht man auch mal einen EC, der nach Salzburg und weiter nach Zagreb braust – in die große, weite Welt.

Aber: Wenn das Kind keine Oma in der Ferne hat, ist es vielleicht noch nie mit einem richtig schnellen Zug gefahren. Das lässt sich flink beheben: Nach München-Pasing dauert die Fahrt mit dem ICE gerade mal 22 Minuten. Das meistern auch schon die jüngsten Bahnfans – ein echtes Event!

Adresse Gögginger Straße (Brücke zwischen Hermanstraße und Wittelsbacher Park), 86150 Augsburg-Innenstadt, barrierefrei // **ÖPNV** Tram 1, Haltestelle Hermanstraße // **Öffnungszeiten** immer geöffnet // ab 0 Jahre

TIPP: Stadtauswärts auf der Bismarckbrücke, 15 Kinderfußminuten, gibt es einen weiteren Lieblingsplatz für Bahngucker. Die Großen bringen oft einen Klappstuhl oder ein Sitzkissen mit und gucken, wie die Sonne hinter dem Hotelturm »Maiskolben« untergeht.

24_DER EISKANAL

Wo Weltmeister in der Waschmaschine schleudern

Wie extralange Zuckerstangen hängen sie über dem Wasser: Die rot-weiß gestreiften Hindernisstäbe über dem Eiskanal im Siebentischwald. Sie zu umschiffen – genau darum geht es bei der Sportart Kanuslalom. Und natürlich um Betonhindernisse im tosenden Wasser, die lustige Namen wie »Waschmaschine« oder »Moby Dick« haben. Man ahnt es schon: Das sind besonders tückische Abschnitte des Eiskanals, wo man auf alle Fälle nass wird. Eine Pumpe braucht es dazu aber nicht, denn der Lech hat hier von Natur aus eine starke Strömung. Baden: geht gar nicht!

Der Eiskanal ist die erste künstliche Wildwasserstrecke weltweit, die oft zitierte »Mutter aller Kanustrecken«. Als die Olympischen Spiele 1972 in München stattfanden, war der Augsburger Eiskanal Austragungsort – und wurde vielerorts in der Welt nachgebaut und kopiert.

Mit kleinen Kindern sucht man sich eine Brücke aus und schaut den Kajakfahrern zu, die sich mit Helm, Neoprenanzug und Paddel durch den Kanal schlängeln. Die Nebenstrecke fließt ruhiger, hier trainiert immer jemand. Der tosende Eiskanal mitsamt Tribüne wird gerade fit für die Kanuslalom-Weltmeisterschaft 2022 gemacht.

Kinder können sich bei Wildwasserkursen der Kanu- und Kajakvereine ausprobieren. Im Kanuleistungszentrum nebenan machen auch sportbegeisterte Familien Urlaub, man kann dort übernachten und die Kanustrecken nutzen – oder einfach zuschauen, wie andere in der »Waschmaschine« pitschnass werden. Auch Weltmeister sind unterwegs. Spannend!

Adresse Am Eiskanal, 86161 Augsburg-Spickel, www.augsburg.de // ÖPNV Tram 6, Haltestelle Am Eiskanal // Öffnungszeiten immer geöffnet, Olympiastrecke bis 2022 gesperrt, Termine siehe Homepage // ab 0 Jahre, Schnupperkurse: 7–9 Jahre

TIPP: Südlich kommt man zum Lech-Stauwehr »Hochablass«: Das historische Wasserkraftwerk hat einen Glockenturm auf der Dammbrücke. Neben dem Stauwehr kann man sich in der »Schwarzen Kiste« einen Snack gönnen und zum Lech-Kiesbett runter – alles nur ein paar Gehminuten entfernt.

25_DAS EISWERK54

Schleck dir den Winter bunt

Im Oktober schließen die Eisdielen in der Stadt. Nur eine nicht: das Eiswerk54. Genau der Ort, den man sucht, wenn man seinen Kindern »bald mal wieder« ein Eis versprochen hat – und irgendwie übersehen hat, dass der Frühling noch weit entfernt ist. Hier kann man sein »Wintereisversprechen« einlösen, wenn das Kind täglich fragt, wie lange es noch bis zur nächsten Eissaison warten muss. Ha, hier gar nicht!

Das Retro-Logo macht auf die kleine Eisdiele im Kaffeegäßchen neugierig. Es ist farbenfroh, genau wie das Sortiment: Im Sommer gibt es Softeis mit Sauerkirsch- oder Ingwer-Limetten-Geschmack. In der kalten Jahreszeit werden winterliche Sorten angeboten. Kinder lieben Tahiti Vanille oder Schokolade, aber auch Fruchtsorbets wie Mango, Himbeere und Erdbeere. Das Eis ist vegan, mit Bio-Kokosmilch zubereitet.

Wunderbar bunt macht ein Eis noch glücklicher, dazu muss das richtige Topping drauf: bunte Streusel, Schokostreusel und gefriergetrocknete Erdbeeren oder Himbeeren sind bei Kindern angesagt. Die Mamas und Papas können sich Finger und Seele bei einem warmen Punsch wärmen – oder auch ein »Wintereis« schlecken.

Das Ambiente ist im Vintage-Style gehalten: gemütlich, im Sommer mit orangefarbenen Sitzwürfeln auf der Straße. Win-win-Situation: Mama kann nebenbei ein wenig in Retro-Accessoires stöbern. Die stammen aus den 1960er und 1970er Jahren, überhaupt ist der Name der kleinen Eisdiele eine Hommage an diese Zeit und das legendäre Studio 54 in New York. Cool!

TIPP: Am Predigerberg gibt es eine »Römische Nische«, einfach die Straße ein paar Meter stadtauswärts. Der römische Handelsgott Merkur hat einen Geldsack, und der Weinhändler fährt mit hechelndem Hund: Stadtgeschichte »to go«, im Vorbeigehen.

Adresse Kaffeegäßchen 4, 86150 Augsburg-Innenstadt, www.eiswerk54.de // ÖPNV Tram 1, 2, Haltestelle Moritzplatz // Öffnungszeiten siehe Homepage // ab 1 Jahr

26_DAS ENGELSMEER

Wie viele Himmelsboten passen in eine Kirche?

In Kirchen gibt es viel zu entdecken: Oft fällt Kindern zuerst das üppige Gold auf, oder sie staunen über die bunten Figuren. Warum nicht mal in ein Gotteshaus gehen und sich alles ganz genau anschauen? Das geht wunderbar in der katholischen Basilika Sankt Ulrich und Afra am Ende der Maximilianstraße: Einer der höchsten Türme der Stadt mit barocker grüner Zwiebelhaube, die Vorbild für viele Kirchen in Bayern war, Fuggerorgel und Krypta – so kennt man sie.

Den Innenhof teilt man sich mit der evangelischen Ulrichskirche, die in der Predigthalle entstand. Das ist einzigartig! Gemeinsam feiert man jedes Jahr das ökumenische Pfarrfest. Und manchmal verbinden Fragen katholische und evangelische Kirche: Eine Schätzfrage lautete einmal, wie viele Engel es denn in beiden Kirchen gäbe? Es wurde gezählt, geschätzt, geraten, denn so genau wusste das bislang keiner – und siehe da: Es sind über 300 Engel! Allein diese stolze Zahl schärft den Blick: Ist dort nicht einer? Oder da? Mit Kindern lässt sich das prima auskundschaften: Die Weihnachtsszene am Hochaltar mit Maria, Josef, Jesus? Auf alle Fälle die meisten Engel! Der kleinste Himmelsbote verbirgt sich in der Benediktuskapelle: Ein Zwanzgerl braucht es für Musik in der Münzkrippe! Der Schalldeckel der Kanzel wird von zwei Engeln gestützt. Auch in der evangelischen Kirche findet man an der Kanzel schöne Himmelsboten.

Zu Hause bastelt man noch einen Papierengel mit dem Kind – und nimmt sich vor, irgendwann mal alle 300 gezählt zu haben.

Adresse Ulrichsplatz 19, 86150 Augsburg-Innenstadt, www.ulrich-afra-anton.de und www.evangelisch-stulrich.de // **ÖPNV** Tram 1, 2, Haltestelle Moritzplatz // **Öffnungszeiten** tagsüber // ab 0 Jahre

TIPP: Mit Lesefutter kann man sich prima in der Pfarrbücherei gegenüber eindecken. Die Kirchengemeinde ist groß, die Mitglieder – viele Familien – spenden tolle Flohmarkt-Bücher, die man für wenig Geld kaufen kann. Di 15–17 Uhr, Do 16–18 Uhr, So 11.30–12.30 Uhr.

27_DAS ERDBEER-PFLÜCKFELD

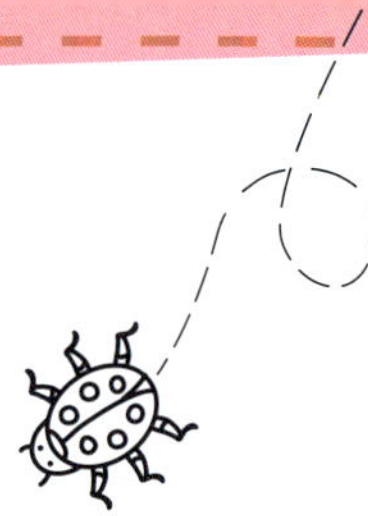

Ein paar Früchtchen naschen

Wer mag sie nicht? Erdbeeren gehören zum Sommer wie Flip-Flops, Sonne und klebrige Eisfinger! In Augsburg bekommt man sie aus regionalem Anbau an den »Riesenerdbeeren«, an Verkaufsständen, die aussehen, als seien sie direkt in Gullivers Obstgarten gepflückt und auf dem Asphalt abgestellt worden. Das begeistert schon die ganz Kleinen, die immer zur Erdbeere wollen, etwa am Moritzplatz. Es geht aber noch besser: frisch vom Feld! Selbstpflücken macht nämlich allen Spaß! Am Eingang zum Erdbeerfeld im Stadtteil Lechhausen wird das eigene Körbchen gewogen und das Gewicht später abgezogen. Die nette Verkäuferin gibt Tipps, wo es die meisten Früchte gibt. Dann geht es los, ab in die Reihen: fünf Erdbeeren in den Bauch, eine ins Körbchen. Naschen ist erlaubt. Wo gibt's das sonst? Ganz stolz sind die kleinen Erntehelfer, wenn sie ihr eigenes Körbchen auf die Waage stellen.

Am besten fängt man mit kleinen Behältern an, das hält bei Laune. Und das Kind unbedingt in Kleidung stecken, die schmutzig werden darf. Also richtig schmutzig – mit Flecken, die nicht wieder rausgehen. Geschlossene Schuhe sind gut, da das Stroh zarte Kinderfüße gern und oft pikst. Dafür hat es den Vorteil, dass man auch nach einem Regenguss aufs Feld kann, ohne gleich Matschfüße zu bekommen. Sonnenhut und Sonnencreme nicht vergessen, da es keinen Schatten gibt.

Und dann die Frage aller Fragen: Was mache ich damit? Marmelade, Milchshakes oder Erdbeersirup? Egal, Hauptsache, Sommer!

TIPP: Wirklich toll zum Abkühlen ist der Friedberger Baggersee mit Kinderstränden, Spielplätzen und Kiosken auf zwei Seeseiten – und einer Pizzeria. Auf Wasserskiern oder mit dem Wakeboard kann man über die Wellen reiten – cool zum Gucken!

Adresse Blücherstraße (gegenüber KUKA), 86165 Augsburg-Lechhausen, www.obstbauer-kraus.de/felder // ÖPNV Tram 1, Haltestelle KUKA/ Partnachweg // Öffnungszeiten Mai/Juni täglich 8–19 Uhr, siehe Homepage // ab 1 Jahr

28_DIE FLEDERMAUS-STATION

Den Tierchen in die Schlafstube geschaut

Wer schläft schon gern kopfüber? Was für uns reichlich unbequem klingt, lieben Fledermäuse! Auch im Tierparadies Gut Morhard in Königsbrunn, wo ihr Leben ohnehin kopfsteht. Die Tiere, die dort in der Fledermausstation leben, sind nämlich verletzt oder entkräftet. Sie werden liebevoll aufgepäppelt, um später wieder ausgewildert zu werden. Engagierte Freiwillige vom Tierschutzverein Augsburg kümmern sich um die putzigen Säugetiere, die man hier abgeben kann, wenn man sie irgendwo in Not findet.

Die Fledermausstation ist in einer großen, modernen Holzhütte untergebracht: In einem Abschnitt leben die nachtaktiven Fledermäuse, die mit der Kamera aufgezeichnet werden. Tagsüber können sich Besucher die Kamerasequenzen anschauen – im anderen Abschnitt der Station freilich, um die Fledermäuse nicht zu stören. Die Bilder vermitteln einen Eindruck, wie sich die Tiere verhalten und wie sie leben. Manchmal sieht man erste Flugversuche der verletzten Tiere, die in der Station einen geschützten Raum zum Wiedererlernen und Üben haben. Mehrere knuffige Plüsch-Fledermäuse verstecken sich im Besucherraum. Der Hit bei Kindern ist das interaktive Fledermaus-Memory!

Durch kleine Fenster kann man zudem tagsüber schauen, was die Fledermäuse gerade machen. Meist hängen sie einfach da, mit dem Kopf nach unten – in ihrer Lieblingsposition. Nachmachen wird allerdings nicht empfohlen! Auf Gut Morhard kann man übrigens auch Kindergeburtstag feiern und natürlich die anderen Tiere besuchen.

TIPP: Im Naturmuseum Königsbrunn, zehn Autominuten entfernt, gibt es drei präparierte Fledermäuse. Highlight ist jedoch das elf Meter große Lech-Diorama. Das Museum in den ehemaligen Thermen wird mit viel Herzblut von Freiwilligen betrieben. Sa, So 14–16 Uhr.

Adresse Fledermausstation auf Gut Morhard (Gnadenhof, Archehof, Bildungs- und Begegnungszentrum), Landsberger Straße 144, 86343 Königsbrunn, www.gut-morhard.de // Anfahrt B17, Ausfahrt Königsbrunn Süd/Mering, zweimal die zweite Ausfahrt im Kreisverkehr nehmen, an der Ampel rechts in die Landsberger Straße abbiegen // Öffnungszeiten Mi–So 14–17/18 Uhr (Voranmeldung, siehe Homepage), Eintritt frei, um Spenden wird gebeten // ab 0 Jahre

29_DIE FLUGPLATZHEIDE

Wo blaue Kieselsteine fliegen

Kinder müssen an die frische Luft! Wenn es dabei noch etwas zu entdecken gibt, umso besser. So wie auf der Flugplatzheide, südlich des Univiertels. Dort klafft ein acht Hektar großes Loch für seltene Tiere und Pflanzen, das nicht bebaut werden darf. Dieses Biotop ist der letzte Rest einer Naturfläche, die früher einmal 200 Hektar groß war.

Um ein Haar wäre der grüne Streifen auch verschwunden, Baupläne gab es bereits. Naturschützer schlugen Alarm – denn nirgendwo sonst in Bayern leben so viele bedrohte Arten wie hier: 85 Pflanzen- und 45 Insektenarten der Roten Liste Bayerns. 2020 wurde das Biotop unter Naturschutz gestellt.

Mit ein wenig Glück lässt sich die extrem seltene Blauflügelige Ödlandschrecke beobachten: Wenn sie ihre Flügel aufspannt, wirkt sie wie ein fliegender blauer Kieselstein! Kobaltblau ist auch der Himmelblaue Bläuling, ein selten gewordener Schmetterling – Kinder lassen sich leicht dafür begeistern, solche ungewöhnlichen Tiere zu suchen! Im Sommer grasen sogar Ziegen. In Sandhügeln nisten Wildbienen, während Mauswiesel, Spitzmäuse und Eidechsen Unterschlupf in einem Reisighaufen finden.

Und der Name? Wo früher Flugzeuge abhoben, steht heute die Universität. Den namensgebenden Flugplatz nutzten erst die Messerschmitt-Werke, später die stationierten US-Truppen, ehe er 1968 aufgegeben wurde. Dann wurde die Uni mitsamt Viertel hochgezogen. Nun grenzen Behörden und Häuser direkt an das Biotop.

TIPP: Im modernen Innovationspark kann man von der Straße aus Roboter im Erdgeschoss beobachten. Dazu einfach die Bürgermeister-Ulrich-Straße überqueren.

Adresse 86179 Augsburg-Haunstetten; südlich des Bayerischen Landesamtes für Umwelt; zwischen Unterer Talweg, Bürgermeister-Ulrich-Straße, Weddingenstraße und Bischofsackerweg // **ÖPNV** Tram 2, Haltestelle Innovationspark/LfU // **Öffnungszeiten** immer geöffnet // ab 0 Jahre

30_DIE FLUTWANNE

Verändere den Lauf des Flusses

Will man den grauen Wassereimer aus dem Zigeunerbach ziehen, braucht es schon vier Kinderhände, so schwer ist er. Papa hilft beim Auskippen, und das Wasser rinnt durch die Flutwanne aus Stahl in den Bach zurück. Unterwegs muss es schwarze Gummilippen umschiffen, die sich auseinanderschieben lassen. »Noch mal!« Diesmal werden die Hindernisse dichter angeordnet – und das Wasser schlängelt sich hindurch, aber anders als zuvor.

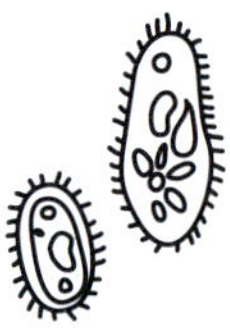

Was wie ein Wasserspielplatz aussieht, ist eine Art Forscherstation. Direkt an der hölzernen Fußgängerbrücke, die von der Wiese in den Siebentischwald führt, befindet sich die Stahlwanne. Dort lässt sich ausprobieren, wie sich der Wasserlauf eines Flusses verändert, wenn er begradigt wird. Zieht man die Gummilippen auseinander, fließt das Wasser schneller. Legt man Kieselsteine, Hölzer, Äste und Blätter in den Weg, dann plätschert es dahin – und staut sich sogar. Hochwasser-Alarm!

Wer einen Kescher einpackt, kann winzige Wassertiere aus dem Zigeunerbach fischen. Mit der Schautafel nebenan lassen sie sich bestimmen. Aber bitte wieder freilassen! Wer will, folgt dem Zigeunerbach zum nicht mal einen halben Kilometer entfernten Stempflesee. Seinen Namen hat der 800 Meter lange Bach von Hirten aus Ungarn, die vor Augsburg weideten und aufgrund ihres exotischen Aussehens als »Zigeuner« bezeichnet wurden.

Wer ganz viel Energie hat, macht die »9-Bäche-Tour«, die mit dem Fahrrad drei Stunden dauert – die Flutwanne ist die Nummer drei auf der Route.

Adresse Ilsungstraße (bei der Holzbrücke am Waldrand, auf der rechten Seite), 86161 Augsburg-Spickel, www.wasserleben-augsburg.de // **ÖPNV** Tram 2, Haltestelle Sportanlage Süd P+R // **Öffnungszeiten** immer geöffnet // ab 0 Jahre

TIPP: Der Himmel ist kunterbunt! Zumindest beim großen interkulturellen Drachenfestival im Herbst auf der Wiese an der Ilsungstraße zwischen Sportanlage Süd und Wald.

31_ DER FOTOAUTOMAT

Hoch mit den Mundwinkeln!

Fotokabinen waren früher der Hit: Man zwängte sich zu zweit oder dritt hinein, rückte den orangefarbenen Vorhang im Hintergrund zurecht und schnitt lustige Grimassen. Kurz darauf spuckte der Fotoautomat einen Streifen mit vier Bildern aus. So ging Quatschfotos machen im analogen Zeitalter. Auch wenn sich die Technik verändert hat, geht so was immer noch. Einfach mit den Kindern in eine Fotokabine zwängen, kichern und Spaßfotos machen. Heute setzt man sich allerdings virtuell neben eine japanische Geisha oder unter karibische Palmwedel oder wählt ein Kinoplakat als Hintergrund.

Im Einkaufszentrum Schwabencenter in Herrenbach steht ein moderner Fotoautomat mit Hocker. Alle rein, Sichtvorhang zu, nach Münzen kramen, in die richtige Position, Spaßfotos auswählen … dann ist es so weit: »Achtung, alle Mundwinkel hoch!« Flash! Passt alles, druckt man es aus. Oder eben noch mal: »Jetzt, grinsen!« Vor dem Automat dann aufgeregt-nervöses Hibbeln, alles wie früher. Es dauert kurz, dann landen die Fotos im Trockenschlitz. Und siehe da: Alle lachen. Und sind bunt. Haha!

Doch was kann der Automat, was Smartphones und Fotodrucker nicht können? Er macht Spaß! Und schafft ein gemeinsames Erlebnis. Der Papierausdruck bekommt einen Platz in der Küche. Und morgens, zwischen vergessenen Hausaufgaben und verschütteter Frühstücksmilch, erinnert man sich an die schönen gemeinsamen Momente!

Übrigens: In und um Augsburg gibt es rund ein Dutzend Fotofix-Automaten, etwa im Hauptbahnhof und in der City-Galerie.

TIPP: Direkt hinter dem Schwabencenter gibt es einen von zwei Taubentürmen in Augsburg, gleich bei der Don-Bosco-Kirche mit den zwei spitzen Türmen, die fast bis zum Boden reichen.

Adresse Wilhelm-Hauff-Straße 34, 86161 Augsburg-Herrenbach, www.fotofix.de // **ÖPNV** Tram 6, Haltestelle Schwabencenter // **Öffnungszeiten** Mo–Sa 9–20 Uhr // ab 0 Jahre

32_DIE FREILICHTBÜHNE IM STANDBY

Schon mal ohne Zuschauer proben

Supermodel, Sängerin, Schauspielerin: Welches Mädchen hat nicht mal davon geträumt, später ins »Showbiz« einzusteigen? Doch wie fühlt es sich eigentlich an, auf einer richtig großen Bühne zu stehen? In Augsburg kann man das zwar nicht einfach so üben, dafür aber schon mal die richtige Perspektive ausprobieren: Das geht im »Höfle« am Roten Tor: Wer dort auf dem alten Aquädukt steht, oberhalb der Freilichtbühne, schaut genau auf die Bühne hinunter und hat 2.100 Metallsessel genau vor sich und fest im Blick – nur ohne Zuschauer. Das Kind muss sich vielleicht ein wenig auf die Zehenspitzen stellen, um alle Sitzränge zu sehen – aber wer hier steht und einen Song singt, bekommt schon mal eine leise Ahnung davon, wie es später mal sein könnte, im Rampenlicht zu stehen.

Das »Höfle« war früher nur für Mitarbeiter der Freilichtbühne zugänglich. Es wurde 2018 im Zuge der UNESCO-Bewerbung für alle freigegeben, da dadurch das Aquädukt besser erreichbar ist. Von Mai bis Juli ist der Durchgang allerdings gesperrt: Zunächst proben die »echten« Schauspieler, Musical-, Opern- oder Operettendarsteller, die den ganzen Juli über fast jeden Abend auftreten – vor Publikum.

Wer noch Energie hat, muss den höchsten Punkt in der Rote-Torwall-Anlage erklimmen: vom »Höfle« rechts, an den Wassertürmen vorbei, durch die Wallauffahrt hinauf – und dann von dort noch mal die Freilichtbühne von ganz oben angucken, ziemlich versteckt.

TIPP: Unterhalb des Aquädukts in der Rote-Torwall-Anlage, gibt es einen Kleinkindspielplatz, einen Rodelhügel und eine große Picknickwiese.

Adresse Am Roten Tor 1, 86150 Augsburg-Innenstadt, barrierefrei // **ÖPNV** Tram 2, 3, 6, Haltestelle Rotes Tor // **Öffnungszeiten** Aug.–April // ab 0 Jahre

33_DAS FRIBBE

Wie kalt darf Badewasser sein?

Es gibt sie noch, die klassischen Freibäder mit großer Liegewiese und Pommes-Kiosk. Das »Fribbe« im Stadtteil Spickel gehört dazu. Wer noch Schwimmwindeln braucht, darf ins Planschbecken mit Wasserpilz und Mini-Rutschen. Die Größeren stürzen sich auf der mit drei Metern extrabreiten Rutsche in die Nichtschwimmer-Fluten.

Der eigentliche Hit ist jedoch der Kaufbach. Dieser Kanal zweigt vom Lech ab und fließt über 300 Meter mitten durch das Freibad. Es kostet schon Überwindung, an der Einstiegstreppe mehr als nur einen Fuß einzutauchen. Das Hirn schlägt Alarm: Kälteschock!

Doch nach ein paar Schwimmzügen im eiskalten Fließwasser ist es wunderbar erfrischend. Fast wie ein Strömungskanal im Spaßbad, nur ohne Chlor. Die Kälte setzt jede Menge Adrenalin frei, das kickt so richtig!

Schwimmkinder packen das! Wer nicht die ganze Strecke schafft, kann unterwegs ganz bequem an einer der Einstiegsleitern herausklettern. Eine kleine Brücke überspannt den Kanal. Als das Fribbe 1893 eingeweiht wurde, durften dort übrigens nur Männer baden. Heute trifft man viele Familien.

Noch etwas macht hier Spaß: Vom Freibad kommt man direkt ins Hallenbad, das Spickel-Bad. Bis zum Beginn der bayerischen Sommerferien Ende Juli haben Frei- und Hallenbad geöffnet. Das ist gut, wenn man mal ein paar längere Bahnen ziehen will – und der Lechkanal dann doch eine Spur zu frisch ist.

TIPP: Baden macht hungrig. Kinder lieben den Softeis-Automaten im Buffet-Restaurant Asia Sunshine in der Hofrat-Röhrer-Straße – man darf sich selbst eine Waffel befüllen. Auch der Schokobrunnen steht bei Kids hoch im Kurs!

Adresse Siebentischstraße 4, 86161 Augsburg-Spickel, www.augsburg.de/freizeit/baden/freibaeder/fribbe // ÖPNV Bus 32, Haltestelle Localbahn // Öffnungszeiten Mai–Sept. (Fribbe-Freibad), Sept.–Juli (Spickel-Hallenbad), siehe Homepage // ab 0 Jahre

34_DER GALGENABLASS

Welcher Bach hat eigentlich Vorfahrt?

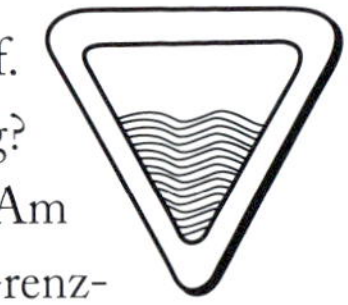

Auf der Straße regeln Schilder, wer zuerst fahren darf. Doch wie ist das eigentlich an einer Wasserkreuzung? Vor-Ort-Check im Stadtwald, nahe Siebenbrunn. Am »Galgenablass« treffen zwei Bäche aufeinander: der Grenzgraben, der klares Quellwasser bis zum Zoo spült – und der Siebenbrunner Bach, der trübes Wasser vom Lech führt. Würden nun beide Bäche zusammenfließen, könnte man das Quellwasser nicht mehr für die Zootiere nutzen.

Um es vorwegzunehmen: Gruselig ist es da nicht. Der »Galgen« war schon vor 500 Jahren eine Bretterwand im Bach, die angehoben wurde und mit der man den Wasserlauf regulieren konnte – also eine Art Wehr. Die Holzschwellen lassen sich noch entdecken.

Die Wasserkreuzung wird jedoch nebenan, durch einen sogenannten Düker, geregelt. Das ist eine Art unterirdische Druckleitung, bei der das Quellwasser unter dem trüben Wasser durchgeleitet wird – nur ohne Pumpe. Der eine Bach unterquert den anderen mit Hilfe eines genialen Systems, das es dort schon seit 150 Jahren gibt – und das nun auch zum Augsburger UNESCO-Welterbe gehört. Das finden auch kleine Naturentdecker sehr spannend, zudem man rund um den Galgenablass wunderbar herumflitzen kann und direkt ans Wasser kommt! Während das Wasser hier unterirdisch verläuft, kann man sich beim Kino Liliom in der Altstadt eine überirdische Wasserbrücke anschauen (Nummer 14). Kinder finden beides spannend!

Adresse Siebenbrunner Straße, 86179 Augsburg-Haunstetten // **ÖPNV** Tram 2, Haltestelle Haunstetten Nord, weiter mit dem Augsburger Sammeltaxi (AST), Haltestelle Siebenbrunn (30 Minuten vorher anmelden unter Tel. 0821/35025) // **Öffnungszeiten** immer geöffnet // ab 0 Jahre

TIPP: Nur ganz wenige Radlminuten nach Süden sind es bis zum schattigen Waldspielplatz, von dort geht es rechts in Richtung Siebenbrunn zur Gaststätte Jägerhaus mit schönem Biergarten und leckeren Marillenknödeln.

35_IM GASKESSEL

Innen spielt die Musik im Takt

Den Gaskessel kennt man: Ein dicker grauer Turm im Stadtteil Oberhausen, den man schon von Weitem sieht. Mit 84 Metern ist er der vierthöchste in Augsburg. Steht man direkt darunter, wirkt er noch mächtiger: 392 Lochblechstufen winden sich außen hinauf. Das erfordert schon ein wenig Mut, aber dafür gibt's bei Föhn sogar Alpenblick!

Im Bauch des Gaskessels ist es mindestens genauso spannend wie auf dem Dach. Ein paar Stufen auf der Außenleiter hinauf, und schon ist man drin. Schummriges Licht, und mitten im Raum baumelt ein 70 Meter langes Pendel vom Dach. Dann beginnt eine Orgel, Musik von Bach zu spielen, und das Pendel bestimmt das Tempo – es ist gewissermaßen der Taktgeber und eine begehbare Klanginstallation. Nachdem die Musik aufgehört hat, dauert es noch rund 20 Sekunden, ehe es komplett still ist. So lange hallt der Ton nach. Da staunen die Kinder!

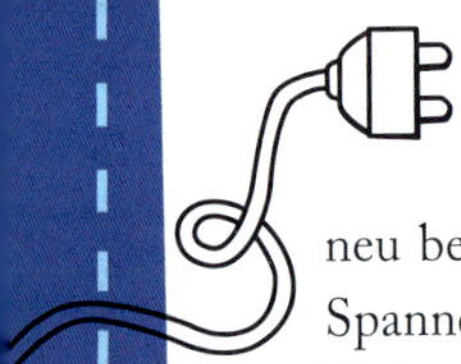

Das Gaswerksgelände lag viele Jahre brach, nun wird es neu belebt, mit Kunst, Theater und Food – es tut sich so einiges. Spannend für Kinder ist auch das Gaswerksmuseum in der früheren Elektrozentrale auf dem Gelände: Dort kann man sich alte Gaslaternen, aber auch Kühlschränke, Herde und Küchengeräte von früher anschauen oder sogar eine Ölmaschine, die knatternd vorgeführt wird.

Das alles kann man bei Führungen erleben, die die Stadtwerke Augsburg (swa) mit dem Verein »Gaswerksfreunde Augsburg« anbieten. Die historische Führung quer übers Gelände ist ähnlich spannend wie der Aufstieg!

Adresse Am Alten Gaswerk 1 (Eingang: August-Wessels-Straße 30), 86156 Augsburg-Oberhausen, www.gaswerk-augsburg.de und www.swa.to/erleben // ÖPNV Bus 21, Haltestelle Gaswerk (Mo–Fr); Bus 21, 27, 500, 502, Haltestelle Auerstraße (Sa/So) // Öffnungszeiten nur mit Führung, April–Okt. jeweils So., Termine auf der Homepage der swa; die Führung ist kostenlos // ab 0 Jahre (Gelände) / ab 8 Jahre (Besteigung: Mindestgröße 1,40 Meter)

TIPP: Das »Rehcycling« ist eine drei Meter hohe Reh-Skulptur aus Plastikmüll, der bei einer Sammelaktion im Siebentischwald gefunden wurde. Die Upcycling-Figur steht auf dem Gaswerksgelände. Angucken!

36_DER GESCHWISTER-SPIELPLATZ

Auf zur Kletterpartie an den Kuhsee

Wenn Augsburger Familien im Sommer baden gehen, trifft man sie am Kuhsee im Stadtteil Hochzoll. Dort kann man prima hinradeln, am seichten Ufer planschen oder Schwäne gucken. Die Badewacht ist vor Ort, das beruhigt. Im Sommer ist es dort wunderbar!

Und jetzt, liebe Eltern mehrerer Kinder, aufgepasst: Wer Kinder hat, die altersmäßig ein paar Jahre auseinanderliegen, kennt das Dilemma vielleicht. Da wollen die Großen plötzlich nicht mehr auf den »Babyspielplatz«. Ach ja? War der nicht vorige Woche noch gut? Und die Kleinen? Die will man lieber erst gar nicht in der Nähe der superhohen Kletterspinne sehen und schon gar nicht herunterfischen. Was tun?

Am Kuhsee kann man beides haben, direkt am Wasser, mit unverstelltem Seeblick! Dort gibt es nämlich einen Geschwisterkinder-Spielplatz. Der heißt zwar nicht offiziell so, passt aber gut in diese Kategorie. Während die ganz Kleinen auf der Wackelente schaukeln, auf die Mini-Rutsche klettern und sich auf der Schaukel mit Rausfallschutz anschieben lassen, können Mama oder Papa einen Blick auf die »Großen« auf dem zweiten Spielplatz direkt nebenan werfen. Die erklimmen in der Zwischenzeit coole Klettergerüste, flink wie Spiderman. Sand unter den Füßen inklusive!

Kühe gibt's dort übrigens keine mehr, die wurden früher aber zur Tränke an den künstlichen See geführt. Und wenn sich alle – die Großen und die Kleinen – ausgepowert haben, gibt es noch leckere Kässpätzle, Wienerle oder einen Burger am Kiosk. Oder ein Eis. Dafür ist man ja irgendwie nie zu groß!

TIPP: Ab 15 Zentimeter Schnee wird die Langlaufloipe gespurt: Fast zehn Kilometer geht es dann am Lechdamm in Richtung Mandichosee. Im Sommer ist man dort mit dem Radl oder zu Fuß unterwegs.

Adresse Kuhseespielplatz, 86163 Augsburg-Hochzoll // **ÖPNV** Bus 29, Haltestelle Kuhsee // **Anfahrt** über Oberländer Straße bis Parkplatz Kuhsee Nord // 0–12 Jahre

37_DIE GRAFFITI-RADLTOUR

Sprühkunst auf zwei Rädern erleben

Mit seinem mächtigen Geweih taucht der Hirsch plötzlich im Siebentischwald auf. Nicht in echt, sondern an einem Technik-Häuschen. Dort ist nicht nur er abgebildet, sondern ist auch eine Etappe der Graffiti-Radltour der Stadtwerke Augsburg (swa). Die führt in zwei Stunden an 20 Technik-Häuschen vorbei, quer durch den Siebentischwald. Da begegnet man einem Hasen mit Brille, rauschenden Wasserfällen, überdimensionalen Steckdosen oder einer Joggerin mit Trinkflasche, gleich zu Beginn der Tour an der Drachenwiese auf der Ilsungstraße. »Viele Motive gehen in Richtung Natur«, erklärt Daniel Tröster, erster Vorstand und Mitbegründer des Graffiti-Vereins »Die Bunten e. V.«. Er radelt mit und kennt zu jedem Motiv eine spannende Geschichte.

Mehr als 50 Technik-Häuschen wurden schon verschönert. Das Projekt setzen die Stadtwerke mit den »Bunten« um. Damit soll dem illegalen Besprühen der 500 Technik-Gebäude in Augsburg vorgebeugt werden, zudem wird eine Brücke zur Graffiti-Szene geschlagen. Die Sprühkünstler verdienen mit den Auftragsarbeiten Geld, können kreativ sein, und ihre Werke sind dauerhaft zu sehen. Bewerben können sich auch Gruppen, etwa Schulklassen, die ein Häuschen gestalten wollen.

Die letzte Etappe führt zum Tramdepot in der Baumgartnerstraße, wo eine Straßenbahn gerade reinfährt – als Graffito. Es ist ein Projekt des Seniorenheimes gegenüber, bei dem Rentner mit Rollator und Sprühdose unterwegs waren. Cool!

TIPP: Weitere Graffiti-Häuschen gibt es etwa auf dem Spielplatz an der Amberger Wiese im Textilviertel (Motiv: Tram 6 und Textil) oder auf der Südseite der Bismarckbrücke (Eulen-Motiv). Eine Karte mit allen Graffiti-Gebäuden gibt's online: www.sw-augsburg.de/graffiti.

Adresse Treffpunkt für die Tour: Kiosk an der Sportanlage Süd P+R, 86161 Augsburg-Hochfeld // Öffnungszeiten Termine siehe Homepage: www.swa.to/erleben, die Führung ist kostenlos // ab 0 Jahre (im Fahrradanhänger), ab 8 Jahre (selbst radeln)

38_DIE GRAZIE

Sich als Modedesigner auf Zeit versuchen

Das Museum steht genau da, wo es hingehört: im Textilviertel. Wo früher Stoffe gefertigt wurden, in der alten Kammgarnspinnerei, wird heute Geschichte erzählt – mit vielen Mitmachaktionen für Kinder. Im »tim – Staatliches Textil- und Industriemuseum« kann man sich sogar als Modedesigner auf Zeit versuchen.

Dazu nimmt man einfach am Ende eines langen, hohen Ganges Platz, der mit stimmungsvollem Licht und rotem Teppich wie ein Catwalk wirkt. Drei weiße Damenfiguren, die sogenannten Grazien, warten schon. Sie sind imposante vier Meter hoch. Eine der Grazien ist interaktiv und will in hübsche Muster gekleidet werden. Los geht's! An einem Touchscreen klickt man auf das gewünschte Stoffmuster, das mittels modernster Beamer-Technik in Echtzeit auf die imposante Grazie projiziert wird – die sich dabei langsam dreht.

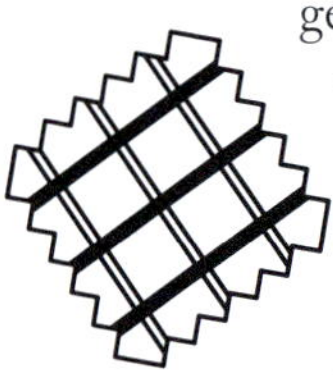

Doch was sieht gut aus? Blau gestreift? Lieber warme Rottöne? Der Kreativität bei der Gestaltung der Muster sind keine Grenzen gesetzt. Die Auswahl ist groß: Aus 550 Musterbüchern mit 1,3 Millionen Ideen zu Textilien wurden viele Muster digitalisiert. Es sind Stoffmuster aus den Musterbüchern der Neuen Augsburger Kattunfabrik (NAK), die nach 200 Jahren Insolvenz anmelden musste.

Für Kinder gibt es gegen geringen Aufpreis einen spannenden Audioguide fürs Smartphone – Wolle kämmen, Fäden spinnen, eine eigene Stofftasche stempeln und bedrucken. Klar kann man dort auch Kindergeburtstag feiern oder einen der vielen Kreativ-Workshops besuchen.

Adresse Provinostraße 46, 86153 Augsburg-Textilviertel, www.timbayern.de // ÖPNV Tram 6, Haltestelle Textilmuseum, barrierefrei // Öffnungszeiten siehe Homepage, Eintritt unter 18 Jahren frei // ab 3 Jahre

TIPP: Museum macht hungrig: Im stylishen Restaurant Nunó im Eingangsbereich kann man sich bei Kuchen oder Mittagsgerichten stärken – saisonal und regional. Beim Sonntagsbrunch mögen Kinder vor allem die frischen Waffeln. Reservieren! Tel. 0821/5081044.

39_DIE GUCKLOCH-WAND

Vor dem Leopold-Mozart-Haus gibt es was zu sehen

Auch wer gerade nicht ins Museum will, muss dorthin. Nur mal gucken. In der Frauentorstraße, unweit vom Fischertor in der Innenstadt, drängen sich geduckte Häuser. Vor der Hausnummer 30, mit weißen Fensterläden, steht eine kirschrote Metallwand mitten auf dem Gehweg – und jedes Kind fragt sich, was das wohl ist. Die Wand ist höher als Papa und hat acht eckige Löcher. Die Neugier siegt. Daran kann man doch nicht einfach vorbeilaufen. An echten Gucklöchern! Alle schauen durch. Die Erwachsenen oben, die Kinder, mit ein wenig Hilfe, unten. »Was seht ihr?« Spannung. »Schau mal in das andere Loch ...« Nachdem alle Gucklöcher durchprobiert wurden, die gemeinsame Erkenntnis: »Hey, da sieht man ja überall das Gleiche!« Genau das ist auch beabsichtigt. Alle Gucklöcher lenken den Blick auf eine Steintafel, die darauf hinweist, dass hier Leopold Mozart am 14. November 1719 geboren wurde – also vor über 300 Jahren. Der Vater von Wolfgang Amadeus Mozart, dem weltberühmten Wunderkind. Die Stellwand wurde gespendet, um Besucher verstärkt auf das Museum und den berühmten Vater aufmerksam zu machen.

Wer nun doch Lust bekommen hat: Das Leopold-Mozart-Haus wurde gerade erst renoviert. Ein Besuch ist auch für Kinder spannend: Wer hat schon mal einen interaktiven Komponierwürfel gesehen? Oder ist in einen farbigen Sinnenraum eingetaucht, in dem Musik von Mozart zu hören ist? Ein Highlight für Kinder ist die begehbare Reisekutsche. Und zwei Ausprobier-Geigen gibt's auch – für angehende Wunderkinder.

TIPP: Zehn Kinderfußminuten sind es bis zum schattigen Biergarten »Lug ins Land« auf der Stadtmauer. Einfach stadtauswärts durchs Fischertor, rechts hinab – auf den Treppenaufgang/ Beschilderung achten.

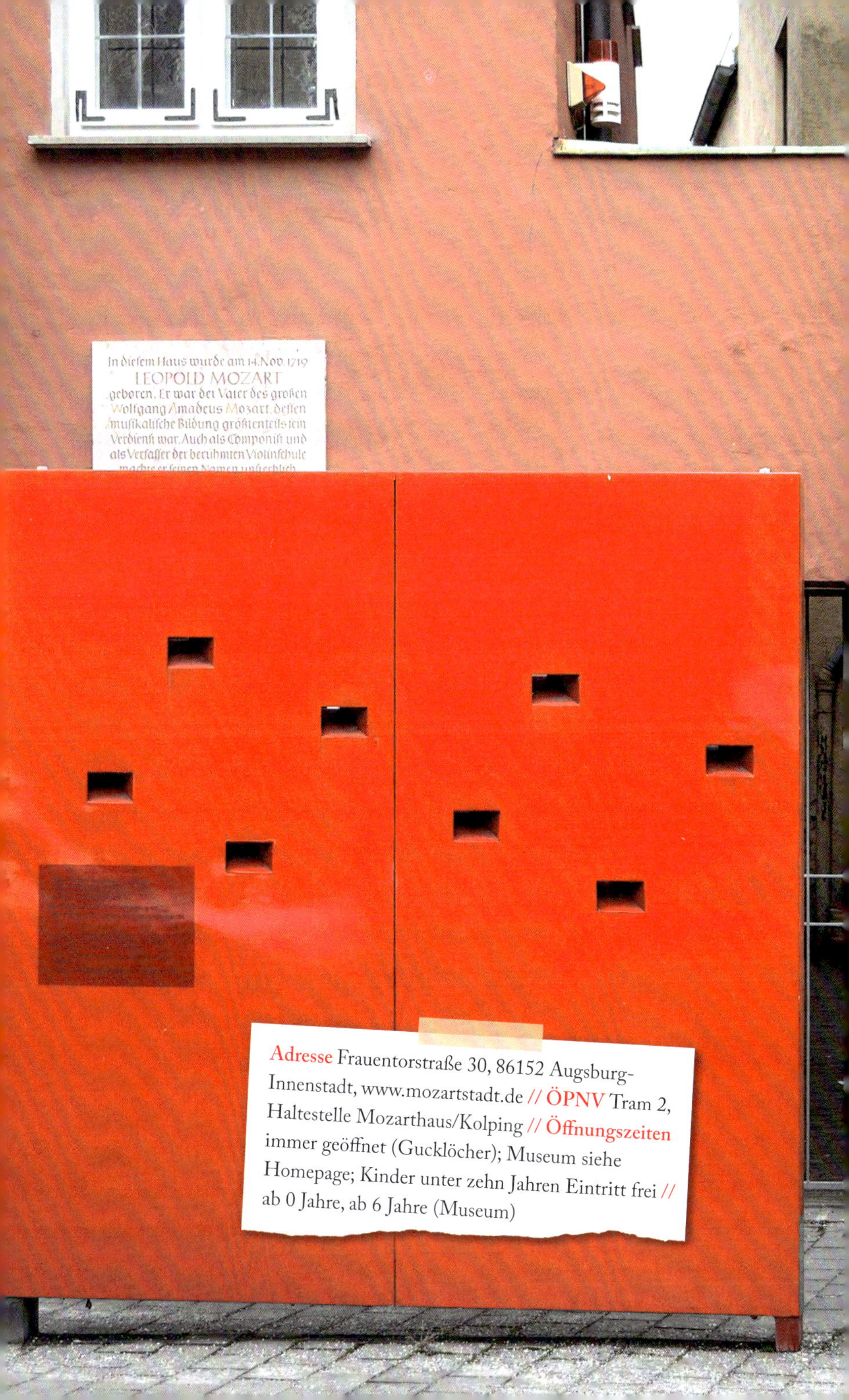

Adresse Frauentorstraße 30, 86152 Augsburg-Innenstadt, www.mozartstadt.de // **ÖPNV** Tram 2, Haltestelle Mozarthaus/Kolping // **Öffnungszeiten** immer geöffnet (Gucklöcher); Museum siehe Homepage; Kinder unter zehn Jahren Eintritt frei // ab 0 Jahre, ab 6 Jahre (Museum)

40_DIE HALDENBURG

Mit dem Zeitgenerator ins Jahr 955

Das Smartphone darf mit in den Wald, ausnahmsweise. Mit der kostenlosen App »955« ausgestattet, geht es nach Schwabegg, eine halbe Autostunde südwestlich von Augsburg. Am Waldeingang zur alten Haldenburg wird ein QR-Code gescannt. Ringe oszillieren auf dem Display, dann beginnt die Zeitreise, die von der Regio Augsburg Tourismus GmbH initiiert wurde: Willkommen im Jahr 955! Das Reitervolk der Ungarn bedroht Europa und rückt nun auf dem Lechfeld vor – in Sichtweite.

Auf dem Smartphone erscheint ein Mann mit zottigem Haar – ein ungarischer Späher. »Mama, das sind wir!« Von seinen Truppen wurde er vorausgeschickt, um die Gegend zu erkunden. Dazu muss er sich im Buchenwald bei Schwabegg durch tiefe Burgwälle, Reitergassen und Gräben schleichen, immer auf der Hut vor den Wachposten, die ihn entdecken könnten. Im Wald gilt es mehrere Proben zu bestehen: den Hang runter, den Wall wieder rauf – immer schön bewegen!

Eine mittelalterliche Burg aus Stein darf man hier nicht erwarten. Vielmehr war das ganze Gelände die »Burg« – tiefe Wälle, die mit Lehm, Erde und anderen Naturmaterialien zu einer sogenannten Haldenburg aufgeschüttet wurden. Tore vor den Wallgräben schützten die Bewohner.

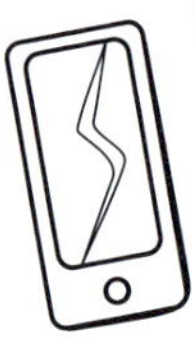

Am Ende müssen in der App Fragen beantwortet werden, die das Wissen festigen sollen. Dann bekommt man einen virtuellen Titel verliehen. Doch halt, noch ein letzter Klick, und man wird durch rotierende Kreise in die Gegenwart zurückbefördert.

Adresse Zufahrt über Schlößbergstraße (Parkplatz am Wegbeginn), 86830 Schwabmünchen-Schwabegg; Download: App »955« (für Android und iOS, www.955schlachtaufdemlechfeld.de) // Öffnungszeiten immer geöffnet // ab 8 Jahre (ohne App auch für Jüngere)

TIPP: Auto-Ausflügler sind in wenigen Minuten im Luitpoldpark Schwabmünchen mit tollen Spielplätzen und viel Schatten. Frisbeescheibe einpacken, denn dort gibt es eine Discgolf-Anlage!

41_DAS HECKENLABYRINTH

Sich durch grüne Spiralen winden

Ein Ausflug! Die Kombination aus Natur, Bewegung und Knobeln ist so nett, dass der Ort unbedingt in dieses Buch gehört – obwohl man mit dem Auto eine halbe Stunde in Richtung Dachau unterwegs ist: das Heckenlabyrinth Unterweikertshofen. Das Auto parkt direkt auf dem Schotterparkplatz davor, durch ein Holztor geht es auf einen Weg zwischen Hecken, die größer als Mama sind. Durchgucken? Geht nicht, zu dicht wuchern die Büsche. Drübergucken? Viel zu hoch, das schafft nicht mal der Papa! Bleibt nur eins: jeden einzelnen Gang ausprobieren! Der Weg endet plötzlich vor dichtem Gestrüpp. Alle Mann umdrehen! Waren wir da nicht schon? Da lang! Was auf den ersten Blick »total easy« wirkt, entpuppt sich als echtes Labyrinth. Da staunen sogar die Großen!

Die Kinder düsen voraus, kommen wieder, probieren den nächsten Weg. Und noch einen. Dann, plötzlich, ein freudiger Aufschrei aus der Ferne: »Wir sind da!« Die Mitte markiert ein kleines Holzpodest. Ein paar Stufen führen hinauf, und der Blick fällt auf – Hecken.

Der Weg hinaus, durch Sackgassen, macht noch einmal klar: Hier hat es jemand ernst gemeint mit dem Irrgarten! Vorbild waren die Labyrinthe der Spätrenaissance und des Barocks: Neun Umgänge und ein Mittelpunkt, so sieht das klassische Labyrinth aus, in dem auch der Adel früher gern »lustwandelte«.

Auf der Grünfläche vor dem Labyrinth stapeln sich einige Strohballen, auf denen die Kinder herumturnen oder einfach herumtoben können – in wunderbar grüner Natur.

TIPP: Wer mit dem Auto unterwegs ist, kann im familienfreundlichen Bräustüberl im Schlossgut Odelzhausen auf Schweinsbraten und andere bayerische Schmankerl einkehren.

Adresse St.-Gabinus-Weg, 85253 Erdweg-Unterweikertshofen, www.heckenlabyrinth.de // **Anfahrt** A 8, Ausfahrt Odelzhausen, 10 Kilometer in Richtung Erdweg, kurz nach dem Ortsschild Unterweikertshofen rechts abbiegen // **Öffnungszeiten** April – Anfang Okt. jeden So 14 – 18 Uhr // ab 2 Jahre

42_DAS HOLZOFENBROT

Für alle was dabei: Klosterbrot, Natur und Spiele

Es gibt Tage, da kommt die Brotzeitbox am Abend unangetastet zurück. Mal waren die Körner schuld, mal wurde die große Pause zum Bolzen genutzt, und mal war das Pausenbrot einfach nur uncool. Noch mehr Brotmuffel da draußen?

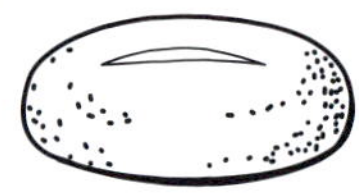

Ein Ausflug nach Oberschönenfeld, 20 Kilometer von Augsburg, hilft vielleicht: Dort gibt es wunderbar duftendes Holzofenbrot. Aus reinem Natursauerteig, weich und ohne Körner (nur an manchen Tagen gibt es Weiß- und Körnerbrot). Die Nonnen der Abtei backen es nach streng gehütetem Klosterrezept im früheren Kuhstall. Die Holzofenbrote sind so groß wie halbe Wagenräder. Vielleicht liegt es auch am Anblick: alle Brote schön rund und nebeneinander. Oder am Duft? Oder am Geschmack? Oder einfach an allem. Fakt ist: Das mögen auch Brotmuffel!

Sicher liegt es auch am Ort: Oberschönenfeld gehört zu den Lieblingsausflugszielen vieler Familien. Für jeden ist etwas dabei: Man kann auf dem neu gestalteten barrierefreien Spielplatz toben, zum Bach hinab und Wasserläufer beobachten. Oder im Naturpark-Haus einen Fuchs bestaunen. Im Volkskundemuseum das Maskottchen Kater Bernhard treffen. Ein Eis im Biergarten des Klosterstüble schlecken. Ins einzige reetgedeckte Staudenhaus in Schwaben schauen, von dort weiter über den schattigen Waldlehrpfad stampfen und im Herbst sogar Fliegenpilze entdecken. Und in der Adventszeit erlebt man einen stimmungsvollen Weihnachtsmarkt. Kein Wunder, dass das Brot tolle Ausflugserinnerungen weckt – und extrem lecker schmeckt!

TIPP: Gegenüber dem Staudenhaus grasen Hirsche und Rehe in einem privaten Gehege am Waldrand. Mit Futterspender-Automat, für den man Münzen braucht.

Adresse Kloster Oberschönenfeld mit Brotladen, Klosterladen und Kirche sowie Volkskundemuseum, Naturpark-Haus, Staudenhaus und Restaurant Klosterstüble, 86459 Gessertshausen, www.abteioberschoenenfeld.de/brotladen und www.mos.bezirk-schwaben.de // ÖPNV Regionalbahn R6 bis Bahnhof Gessertshausen, weiter mit Regionalbus 605 bis Haltestelle Oberschönenfeld // Öffnungszeiten Brotladen Di–Fr 9.30–17 Uhr, Sa 9.30–13 Uhr, Eintritt auf das Gelände frei // ab 0 Jahre

43_DER INDIGOBLAUE APACHE

Was macht der Häuptling in der Kirche?

Ein Tipi, ein Traumfänger und ein Tomahawk: Das sind Dinge, die man mit einem Ureinwohner Amerikas in Verbindung bringen würde. Aber eine Kirche? Was hat die mit einem Apachen-Häuptling zu tun? In der hübschen Herz-Jesu-Kirche im Stadtteil Pfersee viel, denn dort gibt es einen Winnetou zu entdecken. Sein Wandbild schimmert in Gold und Türkis im vorderen Chorraum der größten Jugendstilkirche Süddeutschlands. Prächtige Federn schmücken seinen Kopf, in der Hand trägt er Paddel und Pfeile.

Doch wie kommt das Bild in das Gotteshaus? Vermutlich haben Karl Mays spannende Geschichten über den Wilden Westen, die Apachen und Winnetou damit zu tun. Der erste Pfarrer soll ein großer Winnetou-Fan gewesen sein. Zu diesem Zeitpunkt, im Jahr 1909, war Karl May zu einem viel beachteten Vortrag in Augsburg. Damals erschien gerade sein Roman »Winnetous Erben« als Vorabdruck in der Literaturbeilage der katholischen »Augsburger Postzeitung«. Wöchentlich konnten die Leser mitfiebern, wie es nach Winnetous Tod mit dem Stamm der Apachen weiterging. Da wichtige Motive des Romans Liebe und Versöhnung sind, passt das ganz gut zu einer Herz-Jesu-Kirche. Der Winnetou wurde – stellvertretend für alle bedrohten Völker – in die Reihe der Schwachen und Gebrechlichen aufgenommen, wo er seither seinen Platz hat.

Die Jugendstil-Ausstattung ist deutschlandweit einzigartig: Ein violetter Chorraum, Fenster mit Engeln, ornamentale Hängelampen, mit Perlmutt verzierte Bänke – das beeindruckt auch Kinder!

Adresse Augsburger Straße 23a, 86157 Augsburg-Pfersee, www.herzjesu-augsburg.de // **ÖPNV** Tram 3, Haltestelle Augsburger Straße/Herz Jesu // **Öffnungszeiten** tagsüber // ab 0 Jahre

TIPP: Nicht nebenan, aber was ist schon eine halbe Stunde Autofahrt für echte Winnetou-Fans? Bei den Süddeutschen Karl-May-Festspielen in Dasing wurde sogar schon Bayerisch gesprochen: »Geh, Winnetou, jetzt pass amoi auf!«

44_DER INKLUSIVE SPIELPLATZ

Da lässt sich gemeinsam was drehen

Und Action! Welches Kind hat sich nicht schon mal so schnell auf einem Karussell gedreht, dass ihm davon schwindelig wurde? Das gehört doch irgendwie dazu! Wer körperlich beeinträchtigt ist, kann aber meist nur zuschauen. Im Botanischen Garten im Stadtteil Spickel gibt es ein recht neues Karussell. Darauf passen drei Rollstühle, die mit einem Bügel gesichert werden. Gedreht wird in der Mitte.

Über azurblauen Gummibelag – wie am Meer! – gelangt man zur roten Hängematte, die von allen Seiten mit dem Rollstuhl gut erreichbar ist. Und dann: schön schaukeln lassen! Sogar auf die Kletterburg führt eine Rampe, zumindest auf die unterste Ebene. Zwei Sitze erleichtern dort das Aufstehen.

Im Botanischen Garten kann man übrigens wunderbar den ganzen Tag verbringen. Am besten sichert man sich einen Platz auf der Picknickwiese. Von dort fällt der Blick auf die Streuobstwiese und die Bienenstation mit den Kästen und den großen Insektenhotels. Frösche quaken auf dem Weg zum Biergarten-Kiosk, wo man sich mit Eis eindecken kann. Wer noch Energie hat, flitzt durch den Japanischen Garten oder einen der Themengärten: Es gibt einen Römer-, Bauern- und Apothekergarten – hier findet garantiert jeder seinen Lieblingsplatz. Toll ist auch das Tropenhaus: Von Februar bis März flattern dort exotische Schmetterlinge. Und in der Adventszeit gibt es eine orientalische Rundkrippe, die größer als das Kinderzimmer ist. Beim Ausgang noch kurz über das Klangspiel auf dem Boden hüpfen – perfekt!

Adresse Dr.-Ziegenspeck-Weg 10, 86161 Augsburg-Spickel, www.augsburg.de/botanischergarten, barrierefrei // ÖPNV Bus 32, Haltestelle Zoo/Botanischer Garten // Öffnungszeiten täglich 9–17 Uhr, im Sommer länger, siehe Homepage // ab 0 Jahre

TIPP: Augsburg hat als einzige Stadt in Deutschland einen eigenen gesetzlichen Feiertag – das Hohe Friedensfest am 8. August. Im Botanischen Garten gibt es viele Kinder-Aktionen, etwa eine Menschenkette, die ein »lebendes« Peace-Zeichen formt. Mitmachen!

45_DIE KAHNFAHRT

Alle Nachwuchskapitäne an Bord!

Die Augsburger Kahnfahrt kennt wahrscheinlich jeder: ein wirklich romantisches Fleckchen in der Jakobervorstadt. Hier stehen Ruder- oder Elektroboote bereit – und für ganz Mutige sogar Paddelboote. An quakenden Enten vorbei geht es durch den Stadtgraben, immer an den Resten der alten Stadtmauer am Oblatterwall mit Bastion entlang. Das ist wunderbar romantisch und macht auch Kindern wirklich Spaß!

Weniger bekannt ist, dass diese schöne Ecke schon zweimal beinahe verschwunden wäre. Das Restaurant »Zur Kahnfahrt« gibt es schon seit 1876. Zunächst konnte man dort drei Boote leihen, heute sind es ein paar mehr – und mittlerweile wird der Familienbetrieb sogar in vierter Generation betrieben. Bert Brecht soll hier immer entlanggepaddelt sein, er wohnte ja fast ums Eck.

Fast wäre aus diesem netten Fleckchen mal ein Hafen geworden: Schiffe sollten über Lech und Donau bis ins Schwarze Meer schippern. Glücklicherweise wurde die Vision 1901 rasch wieder verworfen.

Das zweite Mal ging es der Kahnfahrt im Zweiten Weltkrieg an den Kragen, und diesmal so richtig: Nach den Bombenangriffen auf Augsburg war auch das Kanalsystem der Stadt beschädigt. Der Stadtgraben trocknete dadurch komplett aus, sodass er zwischenzeitlich als Kuhweide genutzt wurde. Nach der Instandsetzung wurde der Graben wieder mit Wasser gefüllt – und die Kahnfahrt schipperte weiter.

TIPP: Mit dem Radl ist man in wenigen Minuten auf der anderen Lech-Seite: Am neuen Wasserspielplatz Flößerpark gibt es direkt am Ufer Wassersperren und -spritzen, viel Sand und eine Kletterwand mit Graffiti – cool!

Adresse Riedlerstraße 11, 86152 Augsburg-Innenstadt, www.augsburger-kahnfahrt.de // **ÖPNV** Tram 1, Haltestelle Jakobertor // **Öffnungszeiten** 1. April – 30. Sept. // ab 3 Jahre

46_DIE KASPERL-AMPEL

Jobsharing für Ampelmännchen

Bei Rot ist es eine ganz gewöhnliche Ampel. Bei Grün: große Augen. Nanu!? Was hat denn das Ampelmännchen auf dem Kopf? Eine Zipfelmütze!? Wer das erste Mal die Margaretenstraße auf Höhe der Bäckergasse im Ulrichsviertel überquert, wird überrascht sein. Da erwartet ihn nämlich – auf Knopfdruck – der Kasperl. Und der hat hier, tri, tra, trullala, seine eigene Ampel!

Die Kasperl-Ampel ist ein Unikum. Seit 2017 leitet sie Fußgänger sicher über die Straße. Oder sagen wir es mal so: Das normale Ampelmännchen übernimmt den Job bei Rot, das Kasperl muss bei Grün ran. Dass die beiden sympathischen Gesellen Jobsharing praktizieren, hängt mit der Sicherheit zusammen: Das rote Lichtsignal müsse sofort für alle erkennbar sein, sagt die Stadtverwaltung. Verpasst man hingegen die Grünphase vor lauter Zipfelmützen-Staunen, sei das nicht weiter schlimm. Ohnehin muss man mit Kindern vermutlich mehrfach hin und her!

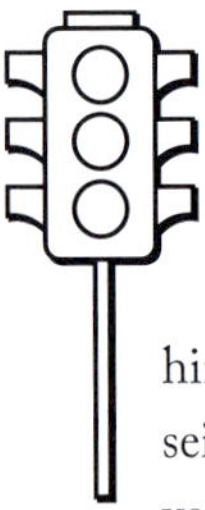

Die Idee mit der Kasperl-Ampel hat der lokale Fernsehsender a.tv angestoßen, da es beim ZDF in Mainz schon eine Mainzelmännchen-Ampel gibt. Dort haben die sympathischen TV-Gesellen allerdings eine Vollzeitstelle – und leuchten in Grün und Rot!

Der Kasperl gehört zu den beliebtesten Figuren der Augsburger Puppenkiste, zu der die Spitalgasse ab der Ampel führt. Der Gründer des Marionettentheaters, Walter Oehmichen, soll in Kriegsgefangenschaft einen mitinhaftierten Franzosen mit Lehm nachgeformt haben. Er bewahrte die Maske auf, und später wurde daraus: der Kasperl!

TIPP: In Sichtweite bergauf liegt das integrative Café am Milchberg mit wunderbar grünem Garten, selbst gebackenem Kuchen und Spielzeugkiste – sehr kinderfreundlich!

Adresse Margaretenstraße 1, 86150 Augsburg-Innenstadt // ÖPNV Bus 32, Haltestelle Margaret // Öffnungszeiten immer geöffnet // ab 0 Jahre

47_DER KASTANIEN-SAMMELPLATZ

Wo gibt's das beste Bastelmaterial?

Wer im Herbst in der Innenstadt nur mal schnell Material für ein paar Kastanienmännchen besorgen will, ist hier richtig: auf dem Grünstreifen, der die Konrad-Adenauer-Allee von der Schießgrabenstraße trennt. Dort beginnt das Kastanienglück schon beim ersten Baum, wenn man links der Tramschienen vom Theodor-Heuss-Platz in Richtung Königsplatz bummelt. Und geht beim zweiten, dritten und vierten weiter. Viel mehr Kastanienbäume dürften es nicht sein. Eine kleine Oase mit vielen braunen Kugeln und noch mehr bunten Bastelblättern. Ein Stück Asphalt ohne Fahrräder, E-Scooter und Autos, auf dem man das Kleinkind einfach laufen lassen kann.

Folgt man dem etwa 600 Meter langen Grünstreifen durch die hohe beidseitige Baumparade, bemerkt man das Gefälle: die eine Straßenseite hoch, die andere tief. Zum Königsplatz hin flacht dann der gesamte Grünstreifen ab. Wenn man weiß, dass hier früher die Wallanlagen verliefen, wird der Höhenunterschied klar. Der Grünstreifen zieht sich genau dort entlang, wo der längste schnurgerade Abschnitt der Stadtbefestigung war. Die Mauer wurde zwar längst abgetragen, aber das Gefälle ist geblieben.

Übrigens: Der Grünstreifen lohnt sich ganzjährig, vor allem, wenn man mit dem Kinderwagen in der Innenstadt unterwegs ist – und der Nachwuchs ein Schläfchen vertragen könnte. Vielleicht liegt es am monotonen Autorauschen oder am Blätterdach – ein prima Platz, um Kinderwagenkinder in den Schlaf zu schaukeln!

Adresse Konrad-Adenauer-Allee/Schießgrabenstraße, 86150 Augsburg-Innenstadt // ÖPNV Tram 2, 3, 6, Haltestelle Theodor-Heuss-Platz/IHK // Öffnungszeiten immer geöffnet // ab 0 Jahre

TIPP: Ein beliebter Feierabendtreff im Viertel ist der kleine Spielplatz am Theodor-Heuss-Platz: mit Mini-Kletterturm und viel Sand für die Allerkleinsten sowie Tischtennisplatten für die Großen.

48_DAS KATTA-GEHEGE IM ZOO

Durchs Wohnzimmer der Halbaffen stapfen

King Julien ist ziemlich schräg: Er schwingt seine Hüften zum Ohrwurm »I Like to Move It« und zappelt mit dem schwarz-weiß geringelten Schwanz. Er ist ein Katta und eigentlich nur auf Madagaskar heimisch – das kann man seit der Animationsserie »King Julien« mit 78 Episoden wissen.

Wer eine Audienz beim Katta-König will, muss nicht nach Madagaskar, sondern kann auch nach Spickel fahren. Im beliebten Augsburger Zoo leben die Artgenossen von King Julien in einer begehbaren Anlage. So nah wie im »Katta-Land« kommt man den Halbaffen sonst nicht.

Eine doppelte Eingangsschleuse führt direkt ins Wohnzimmer der Lemuren. Sie haben freiwillige Aufpasser, die darauf achten, dass der Bollerwagen mit dem Proviant draußen bleibt. Zu oft wurden die Kattas heimlich gefüttert – bloß nicht! –, und nun kennen sie den Zusammenhang zwischen Kinderrucksäcken und Keksvorräten sehr gut. Wer mit offenem Rucksack reinläuft, kommt nicht weit. Zack, schwingt sich ein Katta auf die Schulter, um nach Proviant zu wühlen. Ups!

Im Zoo gibt es viel zu entdecken. Schön groß ist das Afrika-Panorama, wo Zebras, Nashörner und Antilopen zusammenleben. Erdmännchen, Elefanten, Löwen – alle da. In die begehbare Vogelvoliere kann man auch. Zwei Spielplätze sind der Hit! Beim Streichelzoo tuckert das »Zoo-Bähnle«, aber nur am Wochenende und in den Ferien. Zudem kann man Kindern ab zehn Jahren einen »Tierkontakt«, also einen Besuch beim Lieblingstier, schenken. King Julien lässt sich aber entschuldigen.

TIPP: Der Augsburger Zoo ist groß, und die Kinder sind klein. Wer früh am Morgen kommt, hat gute Chancen, leihweise einen Bollerwagen zu ergattern.

Adresse Brehmplatz 1, 86161 Augsburg-Spickel, www.zoo-augsburg.de // ÖPNV Bus 32, Haltestelle Zoo/Botanischer Garten // Öffnungszeiten Nov.–Febr. 9–16.30 Uhr, März/Okt. 9–17 Uhr, April/Mai, Sept. 9–18 Uhr, Juni–Aug. 9–18.30 Uhr // ab 0 Jahre

49_DER KAUGUMMIAUTOMAT

Ein paar bunte Kugeln

Ein Kaugummiautomat? Gibt's die rot-weißen Metallkästen überhaupt noch? Klar! Auch wenn man sie erst ein wenig suchen muss. Am Schwibbogenplatz, in bester Spielplatz-Nähe, hängt noch ein Doppelspender mit je einem Kaugummi- und Spielzeug-Fach.

Früher durfte man für zehn Pfennig einmal drehen: Dafür spuckte der Automat eine bunte Kugel aus, deren Farbstoffe man lieber nicht so genau kennen möchte. Hatte man Glück, rollten zwei Kugeln oder sogar ein Plastikfigürchen in den Schacht. Ganze Sparschwein-Mägen wurden dort verfüttert. Es war wie eine Art Lotto-Ziehung für Kinder, mit viel Spannung.

Heute wirken die meisten Kästen leider recht vergessen: zerkratzt, angeschmolzen und angekritzelt. Eine halbe Million Automaten soll es in ganz Deutschland noch geben. Wie viele davon in Augsburg stehen, weiß keiner so genau – die meisten stehen auf Privatgrund. Wie lange die bunten Kugeln schon auf Kundschaft warten, mag man sich gar nicht ausmalen. Das Internet gibt Entwarnung: Spätestens nach drei Monaten wird die Süßware ausgetauscht.

Die Neugier siegt: 20 Cent wandern in den Drehschlitz, dafür gibt es eine große grüne Kugel in der Geschmacksrichtung »Watermelon«. 50 Cent verschwinden im Gimmick-Spender: In einem Plastikei kommt ein »Sticky Hammer« heraus – ein wabbeliges Gummiteil, das an der Wand haften bleibt. Der Geschmackstest: fruchtiger Kaugummi, für die mittlerweile erwachsenen Geschmacksnerven zu süß, für die Hauptzielgruppe hingegen »voll lecker!«.

TIPP: Noch ein Kaugummiautomat hängt in der Prinzstraße, fast neben dem Kult-Eiscafé Riviera. Dort das Schlumpfeis probieren oder aus zehn Varianten Spaghettieis wählen – die Rezeptur gibt's seit 1986.

Adresse Schwibbogenplatz, Ecke Forsterstraße, 86150 Augsburg-Innenstadt // **ÖPNV** Bus 32, Haltestelle Margaret // **Öffnungszeiten** immer geöffnet // ab 5 Jahre

50_KETTE UND KURBEL

Wo jedes Radl eine zweite Chance bekommt

Kinder wachsen ja so schnell! Das merkt man spätestens im Frühjahr, wenn man die Fahrräder aus dem Keller holt, das Kind draufsetzt – und merkt, dass es fast mit den Knien auf dem Boden aufkommt.

Dann steht der Gang in den vermutlich nachhaltigsten Fahrradladen der Stadt an: »Kette und Kurbel« im Antonsviertel. Dort gibt es gebrauchte Fahrräder, Roller, Einräder oder Dreiräder. Selbst mit schmalem Geldbeutel findet man sein Traum-Radl. Falls unter den bis zu 400 Rädern nichts dabei ist, prüfen die netten Mitarbeiter, was noch im Keller lagert und bald aufbereitet wird. Ausprobieren kann man die Flitzer gleich auf dem Hof, wo es eine lange Asphalttrasse gibt.

Die Gebrauchträder werden ausschließlich gespendet, anschließend repariert und meistergeprüft wieder verkauft – so geht Upcycling. Betreiberin ist die gemeinnützige BIB, die mit dem Laden ein tolles Qualifizierungsprojekt geschaffen hat: Menschen mit Zickzack-Biografien werden geschult, um ihren Platz in der Arbeitswelt zu finden. Zurzeit arbeiten 14 Mitarbeiter bei dem Fahrradrecycling in Augsburg.

Ein echter Geheimtipp ist der Keller. Kunden können dort auf Nachfrage gut 70 Retro-Fahrräder bestaunen, darunter Tandems, Bonanzaräder oder ein seltenes mit Plastikrahmen. Höhepunkt ist jedoch ein Original-Hochrad, wie es vor 120 Jahren in Mode war – wirklich imposant für Kinder, da das Vorderrad größer als sie selbst ist!

Adresse Eichleitnerstraße 34, 86159 Augsburg-Antonsviertel, www.bibaugsburg.de // ÖPNV Tram 1, Haltestelle Polizeipräsidium // Öffnungszeiten Mo – Fr 8 – 18 Uhr, Sa 10 – 16 Uhr // ab 2 Jahre

TIPP: Schon mal einen Biotop-Baum gesehen, in dem Fledermäuse und andere Tiere leben? Mit dem Radl ist man gleich im Wittelsbacher Park. An der Sporthalle vorbei, erkennt man die alte »Gerichtslinde« direkt am Weg – zum Schutz ihrer Bewohner hat sie einen Zaun!

51_DAS KIDSLAB

Programmieren leicht gemacht

Der Cursor blinkt erwartungsvoll auf dem Monitor. Nur ein paar Klicks, und schon dreht sich die Katze im Kreis und sucht die Ostereier. Oder doch lieber ein virtueller Hund? Tippen, klicken und ziehen – und schon verändert sich die Spielstruktur. Im KidsLab im Antonsviertel lernen Kinder, dass man mit Computern nicht nur zocken, sondern auch sein eigenes Spiel programmieren kann. Und das macht richtig Spaß!

Gregor Walter und Regine Scheyer, die das KidsLab gemeinnützig betreiben, wollen dadurch bei Kindern Verständnis für die digitale Welt schaffen. In »Hackerkursen« lernen Acht- bis Zwölfjährige spielerisch, wie man eine Minecraft-Schildkröte programmiert. Dazu lässt Gregor Walter die Kinder erst einmal probieren und überlegen, wie man zu bestimmten Ergebnissen kommt. Das fördere nicht nur Computerkenntnisse, sondern auch das Logik- und Prozessdenken. »Dabei fangen wir mit dem einfachen Fangspiel an.« Die Computer-Fans lernen auch 3-D-Drucker kennen: Jeder entwirft virtuell, was ihm gefällt, etwa ein Lineal oder – in der Adventszeit – Plätzchenformen, die dann ausgedruckt werden.

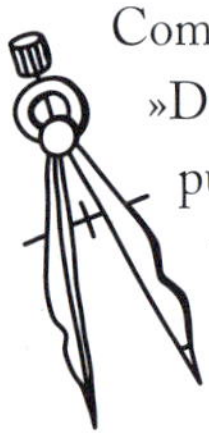

Das KidsLab ist nicht nur ein Raum für Nachwuchsprogrammierer, sondern für alle neugierigen Kinder. Bei Forscherkursen fallen Gregor Walter ständig neue Experimente ein: Wie reagiert Backpulver mit Essig? Seit der Coronazeit gibt es auch Onlinekurse, was vielen Familien außerhalb Augsburgs entgegenkommt. Die Vorort-Kurse finden in der Computer- und Technik-Werkelschmiede »OpenLab« im Antonsviertel statt.

TIPP: Auf der Elisenstraße kommt man zum höchsten Gebäude der Stadt und kann den Hotelturm »Maiskolben« mal direkt von unten bestaunen. Was für eine Perspektive!

Adresse KidsLab, Kursort: OpenLab, Elisenstraße 1, 86159 Augsburg-Antonsviertel, www.kidslab.de // ÖPNV Tram 1, Haltestelle Kongress am Park // Öffnungszeiten Kurstermine siehe Homepage // 8–12 Jahre

52_DIE KIESBÄNKE AM LECH

Winzige Steindämme am Wasser bauen

Das Gestrüpp hat alles überwuchert, es gab kaum ein Durchkommen. Dann rückten Bagger an, karrten mächtige Felsblöcke ans östliche Flussufer und schichteten sie stufenförmig übereinander. Nun wirken die Kiesbänke am Lech in der Firnhaberau, unterhalb des Müllbergs, wirklich einladend. Man kann den Hang ganz einfach hinabsteigen, sich auf die Felsblöcke legen oder ein Picknick machen. Kinder lieben diesen Ort!

Im Sommer, wenn der Lech wenig Wasser führt, kann man auf den Kiesbänken herumlaufen. Dort gibt es hübsche Kieselsteine zu entdecken, die man so lange aufeinanderschichten kann, bis der Steinturm umkippt. Oder man kann einfach mal versuchen, den Lech ein wenig umzubetten.

Wenn allerdings der seltene Flussregenpfeifer brütet, müssen die Schilder unbedingt beachtet werden – dann sind einzelne Abschnitte gesperrt. Vorsicht ist auch bei Badewetter geboten: Es können sich gefährliche Strudel bilden, denn der Lech ist halt nun mal kein Schwimmbad, sondern ein Wildfluss.

Das hatte man sich längst wieder in Erinnerung gerufen, bevor man mit der Umgestaltung des Flusses begonnen hat. In den kommenden Jahren soll sich der Lech auch anderswo verändern, mehr Seitenarme und weitläufigere Kiesbänke bekommen, um Tieren und Pflanzen wieder mehr Lebensraum und Menschen mehr Naherholungsplätze zu bieten. Und letztlich, um das Hochwasser zu bannen. Das heißt auch: mehr Entdeckungsraum für kleine Naturforscher.

TIPP: Crocodile Dundee lässt grüßen! Am Europaweiher beginnt der Dschungelpfad, der durch die Lechauen führt: Nachwuchsforscher können mit QR-Codes Videos abrufen, Rätsel lösen und an einem Audiomodul kurbeln, das Tierstimmen erzeugt.

Adresse Lech unterhalb des Europaweihers/Müllbergs, 86169 Augsburg // Anfahrt B 2 bis Parkplatz Gersthofer Straße/Lechbrücke // Öffnungszeiten immer geöffnet // ab 0 Jahre

53_DIE KINDERUNI

Schon mal den Hörsaal für das Jahr 2035 checken

Eigentlich hat der Kasperl ja schon zwei Jobs: Er arbeitet in der Augsburger Puppenkiste und an der Kasperl-Ampel im Ulrichsviertel (Nummer 46). Und nun ist er auch noch Wissenschaftler! Sein Forschungsbereich an der Universität Augsburg ist klar abgesteckt: Im Hörsaal schmettert er ein fröhliches »Servus miteinander« in breitem Augsburgerisch. Dann stellt er Frau oder Herrn Professor vor, die gleich eine Vorlesung vor den Nachwuchsstudentinnen und -studenten halten werden. Applaus!

Nein, damit sind keine Erstsemester gemeint – sondern Kinder zwischen acht und zwölf Jahren: Die dürfen im Rahmen der KinderUni an der Universität Augsburg im Hörsaal »studieren«. Mamas, Papas und Co. verfolgen die Vorlesung in einem anderen Saal, wo sie übertragen wird. Der Studienplan umfasst spannende Fragen aus Wissenschaft und Alltag: Mal geht es um die Chemie im Knicklicht, ein andermal darum, was das Gesicht über Schmerzen verrät. Oder um Roboter. Das Ganze wird natürlich kindgerecht beantwortet.

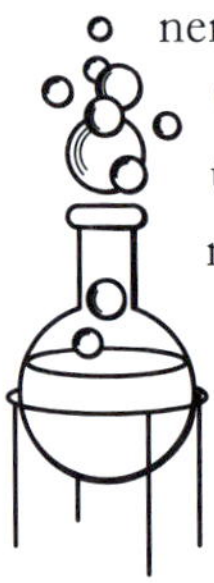

Ein Studienbuch gibt es auch fürs Kind und für jede besuchte Vorlesung einen Stempel. Wer fleißig sammelt, sichert sich eine Überraschung!

Übrigens fanden in der Coronazeit alle Vorlesungen online statt. Das soll vereinzelt beibehalten werden. Dann kann auch mal in einem Labor experimentiert werden, zu dem Besucher normalerweise keinen Zutritt haben. Flink sein lohnt sich übrigens, um sich Tickets zu sichern – denn die KinderUni ist beliebt!

Adresse Universitätsstraße 2, 86159 Augsburg-Universitätsviertel, www.uni-augsburg.de // ÖPNV Tram 3, Haltestelle Universität // Öffnungszeiten nur nach Voranmeldung, kostenlose Tickets sind bei Bücher Pustet in der Innenstadt erhältlich, Abholzeitraum siehe Homepage // 8–12 Jahre

TIPP: Mit ein wenig Glück trifft man Augsburgs bekanntesten Kater »Campus Cat« beim Nickerchen vor der Mensa oder zum Kraulen vor der Bibliothek der Sozialwissenschaften. Mehr als 30.000 Follower in den sozialen Netzwerken lieben den Fellfreund, der auf dem Uni-Gelände lebt!

54_DER KOBALTBLAUE DREHTELLER

Wo sich Büffel hinter Präriegräsern verstecken

Oh, was ist das denn? Es ist kobaltblau, kreisrund – und sieht aus wie eine Salatschüssel. Die Kinder springen drauf und sind begeistert. Das beste Karussell der Stadt muss einfach in dieses Buch, das ist beschlossene Sache – aus Kinderperspektive. Dadurch, dass der Teller schräg steht, kommt richtig Spaß auf: Man kann sich hineinlegen oder hinknien und purzelt beim Drehen herum. Auf alle Fälle hat dieses ungewöhnliche Karussell richtig Zahn drauf. Es befindet sich im südlichsten Eck des Sheridan-Parks in Pfersee, beim alten Casino.

Kommt man von Norden, mit der Tram, trifft man auf graue Felsen: Die erinnern an grasende Büffel. Ein 1,2 Kilometer langer Weg schlängelt sich durch die Anlage, um dazwischen einem Heckenlabyrinth oder einem Birkenhain mit Klettersteinen Platz zu machen. Üppige Präriegräser, Stauden, Robinien und Pappeln wachsen in der Anlage. Ein echter »Indian Summer« mit großen roten Blättern – perfekt für das bunte Herbstbild. Ein Wasserspielplatz mit Kletterholz und Steinen, aus denen auf Knopfdruck Wasser rinnt, ist der Hit! Im Park gibt es eine Kapelle im amerikanischen Stil. Sie erinnert daran, dass hier über 50 Jahre lang US-Truppen stationiert waren. Der Sheridan-Park ist eine 15 Hektar große Grünschneise, die bis 1998 Kaserne war – und ist ein Abschnitt des Westparks, der noch mehr ehemalige Militärfläche umfasst. Als man den Park plante, achtete man darauf, dass ein Bezug zur US-Vergangenheit blieb – mit großzügiger Fläche und Weite wie mancherorts in Nordamerika.

TIPP: Das Gartenhallenbad Stadtbergen ist nicht weit entfernt: Erst vom Dreimeterbrett springen, dann eine Tüte Buntes am Kiosk kaufen! Im September, wenn die Freibäder schließen, kann man hier noch ein paar Tage draußen schwimmen.

Adresse Sheridan-Park, Eingang Nord: Stadtberger Straße; Drehteller auf dem Schaukelspielplatz, südlich des General-Cramer-Weg, 86157 Augsburg // **ÖPNV** Tram 3, Haltestelle Westfriedhof // **Öffnungszeiten** immer geöffnet // ab 2 Jahre

55_DER KRÄUTERGARTEN

Erfrischender als Pfefferminzkaugummi

Manche Kaugummisorten sind echte Klassiker: Pfefferminze gehört dazu. Doch wer hat schon mal was von Erdbeerminze gehört? Im Kräutergarten in der Roten-Torwall-Anlage staunen nicht nur die Kleinen: Dutzende Minzesorten wachsen dort, vor ein paar Jahren waren es sogar 60. Alles in dem versteckten Gärtchen darf ausdrücklich probiert und für den Hausgebrauch mitgenommen werden (freilich nur so viel, dass die anderen auch noch etwas davon haben). Dann der Test: Die rötliche Pfefferminze schmeckt nach Menthol, die weißliche Ananasminze ist ein wenig süßlicher.

Wenn man Glück hat, kann man ein paar Walderdbeeren oder Stachelbeeren naschen. Der Fokus liegt jedoch auf Küchen- und Heilkräutern: Lavendel, Thymian, Salbei oder Oregano kennt man. Manche Kräuternamen klingen für Kinderohren ziemlich ulkig: Wer weiß, wie der Beifuß aussieht? Schon mal was von Pimpinelle gehört? Oder Liebstöckel?

Der Garten mit seinem dreieckigen Grundriss wird von zwei Bächen und der Stadtmauer eingegrenzt. Es ist ein zauberhafter Ort, den schon die Kleinsten mögen.

Man kann dort wunderbar um die geometrischen Buchsbüsche flitzen, die die 28 Beete umsäumen. In der Mitte gibt es einen Brunnen aus Granitstein.

Neu ist der Kräutergarten nicht: Er wurde 1985 wiederbelebt, doch schon im Mittelalter befand sich an dieser Stelle ein Klostergarten, in dem Küchen- und Heilkräuter angebaut wurden – als an Kaugummi noch lange nicht zu denken war.

Adresse Rote-Torwall-Anlagen, 86150 Augsburg-Innenstadt // ÖPNV Tram 2, 3, 6, Haltestelle Rotes Tor // Öffnungszeiten April–Okt. // ab 0 Jahre

TIPP: Genau über dem Kräutergarten, zwischen Wassertürmen und Stadtmauer, versteckt sich das Schwäbische Handwerkermuseum. Dort erfährt man, wie früher Schuhe und Kleidung hergestellt wurden. Auch für Kinder interessant, da klein, kompakt und kostenlos! Täglich außer Mo 10–17 Uhr.

56_DER KRÜMELHOF

Ein Paradies voller Tiere

Flauschiges Fell, große Kulleraugen: Franz-Josef muss man einfach ins Herz schließen! Neugierig beugt sich das Kamel runter und lässt sich von Alexandra Schorer auf ihrem Krümelhof in Oberhausen kraulen. Manchmal auch von Kindern, die zur Kuschelstunde kommen oder eine Kamelwanderung vereinbaren.

Der 2,5 Hektar große Krümelhof ist ein echtes Erlebnis: Schafe blöken, Esel iahen, die beiden Mini-Hochlandrinder Hans und Peter stampfen durch den Matsch, und die weiße Stute hat schwarze Punkte – wie bei Pippi Langstrumpf!

Hier leben ungewöhnliche Tiere, die woanders nicht mehr gebraucht werden, darunter 80 Hühner, deren Zeit in der Legebatterie abgelaufen war. Oder der Ochse Ferdinand, der mit der Flasche großgezogen wurde. Die in Not geratenen Tiere verbringen hier aber nicht nur ihren Lebensabend, sondern helfen Kindern in schwierigen Lebensumständen. Sie wirken im Rahmen der tiergestützten Pädagogik wie »Türöffner«, fördern verborgene Talente und ihre Entfaltung. Dass es Mensch und Tier gut geht, liegt Alexandra Schorer sehr am Herzen. Manchmal hilft es, Franz-Josef einfach nur zu kuscheln, das entspannt!

In einer gemütlichen Holzhütte kann man Kindergeburtstag feiern, mit Stockbrot, Pony- oder Eselreiten, Tierwanderung oder Hoffütterung mit Streicheln. Man kann Kuschelstunden mit Lieblingstieren buchen. Wer eine Patenschaft übernimmt, darf »sein« Tier gern besuchen. Es gibt Ferienaktionen – und natürlich viele wunderbare Momente mit Franz-Josef und den vielen anderen Tieren auf dem Krümelhof.

Adresse Talweg 23, 86154 Augsburg-Oberhausen, www.kruemelhof.de // ÖPNV Bus 21, Haltestelle Nordfriedhof // Öffnungszeiten nach Absprache // ab 1 Jahr

TIPP: Auf dem Nordfriedhof gegenüber gibt es nicht nur Gräberfelder, sondern ausgedehnte Wiesen und waldartige Abschnitte. Die Vogelvielfalt lädt ein, sich einfach mal hinzusetzen und zuzuhören!

57_DER KUNSTTUNNEL

Street-Art unter quietschenden Gleisen

Eine Kunstgalerie? Ist das wieder so ein Ort, an dem man ruhig sein muss? Ganz im Gegenteil! Hier dürfen Kunstwerke laut kommentiert werden, man darf so oft »Ah!« und »Oh!« rufen, wie man möchte. Diese Galerie befindet sich nämlich in einem Tunnel, der Pferseer Unterführung, nicht weit vom Hauptbahnhof.

Mal ehrlich: So richtig kuschelig ist der Tunnel nicht. Autos rauschen vorbei, Radfahrer schlängeln sich um Fußgänger, und oben quietschen Züge auf den Gleisen. Dafür ist er jedoch bunt und spannend. Die Wände wurden auf beiden Seiten in 35 Malfelder unterteilt, die in knallige Farben getaucht wurden, Orange, Grün oder Blau. Blumen, Phantasiemonster und Fabelwesen leben hier, die man sich mit Kindern unbedingt einmal anschauen sollte. Nachwuchskünstler finden das spannend und interpretieren manchmal ganz andere Dinge hinein als die Großen.

Bei der Neugestaltung des Tunnels vor ein paar Jahren konnte jeder mitmachen: Hobby-Maler, Jugendliche, Graffiti-Künstler – alle durften sich verwirklichen. Jeder konnte seine Street-Art realisieren, solange sie niemanden beleidigte oder verletzte.

Damit die Street-Art im Kunsttunnel möglichst lange geschützt bleibt, wurde ein spezieller Graffitischutz aufgetragen. Aufgerufen hatten Künstler und engagierte Bürger. Der Tunnel hieß zuvor auch »Angströhre«, da sich viele Leute fürchteten, durch die enge Unterführung zu radeln. Der Fußgängerbereich wurde verbreitert und umgestaltet – jetzt ist es eine coole Street-Art-Galerie.

TIPP: Wenn der Plärrer – das größte Volksfest in Bayerisch-Schwaben – gerade läuft, ist das für Kinder natürlich auch ein großer Spaß. Dirndl und Lederhosen gehören dazu! 15 Minuten zu Fuß bis zum Plärrer-Gelände, im Frühjahr und Herbst.

Adresse Frölichstraße/Pferseer Straße, 86150 Augsburg-Innenstadt, barrierefrei // **ÖPNV** Tram 2, 3, 4, 6, Haltestelle Hauptbahnhof // **Öffnungszeiten** immer geöffnet // ab 0 Jahre

58_DIE KÜRZESTE GASSE DER STADT

Nicht mal so lang wie vier Fußballtore

Ein wenig unfair ist das schon: Da laufen alle vorbei, bestaunen die prunkvollen Fuggerhäuser auf der Maximilianstraße – und ignorieren das Waaggäßchen völlig. Fast könnte man es für einen Hausdurchgang halten, bestenfalls für eine kurze Verbindung zur Wintergasse. Doch es gibt ein eigenes Straßenschild! Und immerhin hält das unscheinbare Gässchen einen echten Rekord: Es ist die kürzeste Straße in Augsburg, mit gerade einmal 25 Metern! Kurios ist, dass es keine Hausnummern gibt, da beide Häuser zur jeweils anderen Straße ausgerichtet sind. Die Nummer 55 im einzigen Eingang gehört zur Maximilianstraße.

Kinder kann man für so was begeistern: Wer ist schon mal durch eine ganze Straße gehüpft? Und hat dabei gezählt? Schätzfragen ziehen immer, das trainiert den Sinn für Abstände. Los geht's: Das Kind läuft, gut 40 große Schritte sind es. Nun wird die Breite geschätzt, offiziell ist das Waaggäßchen nur bis zu 2,30 Meter breit. In der Praxis bedeutet das: fast drei Kinder-Armspannen. Hey, wer hat schon mal mit zwei Freunden eine Menschenkette gebildet, die so lang war wie die Straße breit?

Dass das Waaggäßchen einen eigenen Namen hat, verdankt es seiner früheren Bedeutung: Hier befand sich mal die Stadtwaage. Was das war? Im Mittelalter gab es nicht überall einheitliche Gewichte. Um Betrug zu vermeiden, mussten Kaufleute, die von außerhalb nach Augsburg kamen, ihre Waren auf die Waage legen. Vor gut 200 Jahren wurde das Amt aufgelöst – der Name blieb.

Adresse Waaggäßchen, 86150 Augsburg-Innenstadt, barrierefrei // ÖPNV Tram 2, Haltestelle Moritzplatz // Öffnungszeiten immer geöffnet // ab 0 Jahre

TIPP: Noch schmaler ist das Kaffeegäßchen, zwei Quergassen stadtauswärts – eine Mama-Armlänge, das dürfte Rekord sein in Augsburg. Gegenüber fällt das Butzenbergle mit Treppenstufen und Graffiti-Wänden steil ab, Kinder flitzen da gern runter!

59_DIE LADENRUTSCHE

Auf die Rutsche, fertig, los!

Ein Schloss? Sorry, liebe Prinzessinnen: keines mit Zinnen und Ballsaal. Dafür mit Klinkerfassade, drei Ecktürmen und loftartigen Räumen – so thront das Fabrikschloss im Textilviertel. Wo früher Baumwolle gesponnen wurde, betreibt heute der Augsburger Sport- und Outdoor-Ausstatter Förg ein Outlet. Auf zwei Stockwerken.

Und genau das lieben die Kinder. Will man nämlich vom Erdgeschoss in den Keller, kann man das im Flitzetempo tun: Durch eine leuchtend rote Rutsche! Zwei Drehungen winden sich durch die Röhre, das Kind saust hinab und plumpst auf die weichen Matten. Noch mal! Treppe rauf, rein ins Rutschrohr – und los geht's. Und noch mal … In der mentalen Eltern-Kategorie »Entspannt einkaufen mit Kindern« hat der Laden seinen festen Platz. Es soll sogar Eltern geben, die es schaffen, in der Zeit, die die Rutsche gewährt, ganz entspannt Badehosen oder Tennisröcke zu kaufen.

Genug gerutscht? Kinder finden auch die Camping-Ausstellung im Untergeschoss spannend: In der Verkaufsausstellung darf man in große Zelte hineinlugen, Mini-Campingstühle ausprobieren und von einem Abenteuerurlaub mit Schlafsack träumen – vor allem als Stadtkind, das noch nie zelten war.

Noch mehr Action? Kino-Ecke und Mini-Kletterwand für die Kleinen, während die Großen das Turbinen- und Skimuseum im Fabrikschloss erkunden. Und fast vergisst man, wozu man eigentlich hergekommen ist …

Adresse Proviantbachstraße 30, 86153 Augsburg-Herrenbach, www.foerg.de // Öffnungszeiten Mo–Fr 10–20 Uhr, Sa 10–19 Uhr, Eintritt in die Museumsräume frei // Rutsche ab 4 Jahre

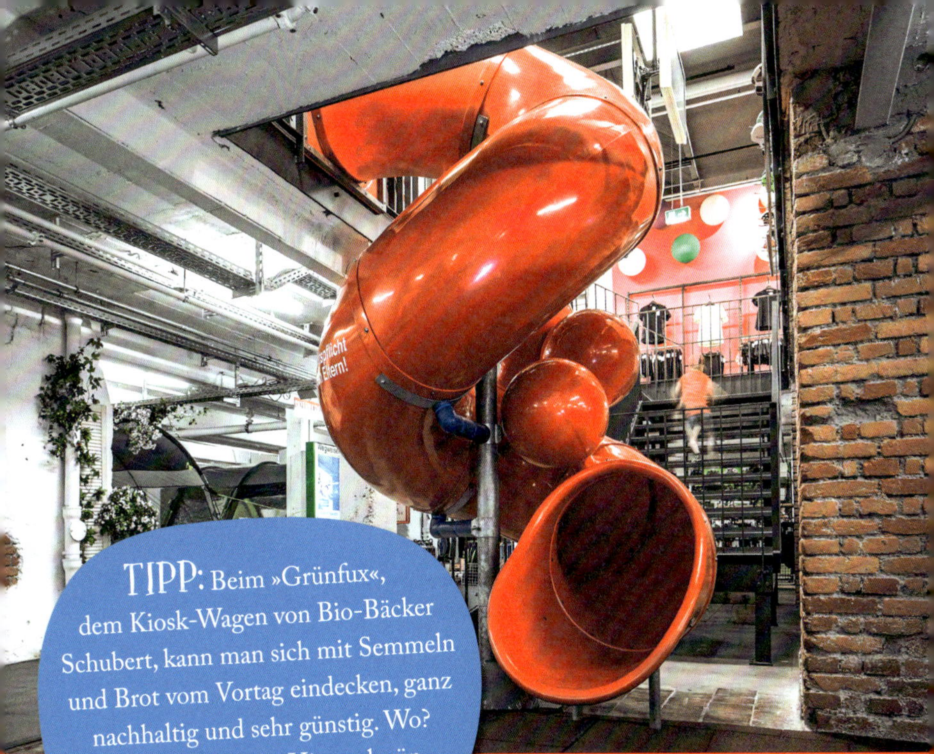

TIPP: Beim »Grünfux«, dem Kiosk-Wagen von Bio-Bäcker Schubert, kann man sich mit Semmeln und Brot vom Vortag eindecken, ganz nachhaltig und sehr günstig. Wo? Im Hof des Cafés Himmelgrün, die Berliner Allee hinunter.

60_DIE LAUFRADPISTE

Wo Reifen richtig heiß drehen

Manchmal tut es der Gehweg ums Eck einfach nicht mehr. Schließlich ist man jung und will die Welt erobern – zunächst mit dem Laufrad. Das ruft von Zeit zu Zeit nach einer neuen Herausforderung! Ohne störende Autos, aber ein wenig steil und abschüssig darf es schon sein.

Laufrad-Experten würden vermutlich eine ganz bestimmte Trasse empfehlen: den Messesteg! Das ist die Fußgängerbrücke über die Friedrich-Ebert-Straße, die lärmend das Hochfeld vom Univiertel trennt. Die Top-Laufradpiste verläuft vom Parkplatz südlich des Messegeländes zur Messe. Reichlich »brumm« als latentes Hintergrundgeräusch macht das Laufrad-Erlebnis noch abenteuerlicher und authentischer.

Die Trasse ist aber nicht irgendeine, sondern sogar die längste Brücke in ganz Augsburg. Sie misst 178 Meter – das ist 20 Meter mehr, als der Hotelturm »Maiskolben« mit Antenne. Selbst die Lechbrücken in der Stadt können da nicht mithalten und sind kürzer!

Alle bereit? Der Beton ist aalglatt. Keine Schlaglöcher, keine störenden Treppen – nur pure Laufradpiste. Wow! Dass die Fußgängerbrücke so tipptopp saniert wurde, hängt mit einem Unfall zusammen. Ein Ladekran, der nicht eingefahren war, beschädigte 2018 die Brücke, die anschließend längere Zeit renoviert wurde. Und nun eben genau den richtigen Rennbelag für tollkühne Laufrad-Profis hat …

Adresse Friedrich-Ebert-Straße (Verbindung zwischen Messehallen und südlichem Messeparkplatz), 86159 Augsburg-Universitätsviertel, barrierefrei // ÖPNV Bus 41, Haltestelle Messe Nord // Öffnungszeiten immer geöffnet // ab 2 Jahre

TIPP: Unweit der Messe, in Richtung Göggingen, gibt es im Sommer ein Himbeerfeld zum Selbstpflücken und Naschen.

61_ DER LAUSBUBENWEG

Wer ist der beste Tannenzapfen-Weitwerfer?

Ein Tannenzapfen trifft den armen Nepomuk direkt am Kopf. Autsch! Dabei sollte er doch im Korb landen, der als Wurfziel dient. Keine Sorge, der heilige Nepomuk ist nicht echt, sondern aus einer Art wetterfester Pappe. Er steht mitten im Wald bei Welden, eine halbe Autostunde von Augsburg. Er markiert die zweite Station des »Ludwig-Ganghofer-Lausbubenwegs«, den die Regio Augsburg Tourismus GmbH initiiert hat.

Dieser Walderlebnispfad macht wirklich Spaß! Nicht zu kurz, nicht zu lang und schön schattig. Die Strecke zieht sich etwa 3,5 Kilometer an Tannen, Fichten und Moosböden vorbei, ohne größere Steigungen oder Gefälle, und ist kinderwagengerecht. Vor allem darf man an den Stationen schöne »Lausbuben«-Aktionen machen – natürlich gilt das auch für die Mädels.

Lustig ist schon die erste Station, an der in einem Sandkasten gebuddelt werden kann. Die Schaufeln dafür hängen an einem Haken, und es gilt, einen dreiteiligen Familienschatz aufzuspüren. Es geht zu einer Waldhütte und zu einem Hochsitz, auf den man klettern kann – wie ein »echter« Lausbub eben.

Der Walderlebnispfad soll an Ludwig Ganghofer erinnern, der im frühen 20. Jahrhundert zu den erfolgreichsten deutschen Schriftstellern gehörte – mit 40 Millionen verkauften Büchern. In fast jedem Haushalt standen seine Romane. Seine Kindheit verbrachte Ganghofer in Welden. An den fünf Stationen gibt es Romanauszüge, die in direktem Bezug zur jeweiligen Lausbuben-Station stehen – dort erfährt man freilich auch, was es mit dem Nepomuk auf sich hat!

TIPP: Der Abenteuerspielplatz in Welden liegt toll am Bach: zwei ungewöhnliche Rutschen, Reifenwippen und einen Wasserspielplatz gibt's. Parken: Talweg/Wiesenweg.

Adresse Schwarzbrunnenstraße, 86465 Welden // **Anfahrt** A 8, Ausfahrt Adelsried, Richtung Welden fahren, einige wenige Parkplätze gibt es am Ende der Schwarzbrunnenstraße im Wald // **Öffnungszeiten** immer geöffnet // ab 0 Jahre

62_DAS LEBENDE BUCH

Wo Harry Potter Herzhüpfen hätte

Wie ein Gästebuch, ganz unauffällig, liegt es auf dem weißen Pult im Foyer. Hätte Zauberschüler Harry Potter ein Exemplar, wäre er vermutlich hin und weg: das »Lebende Buch« im »Fugger und Welser Erlebnismuseum« im Domviertel. Schlägt man eine Seite auf, blickt man auf das klassische Winterbild der Stadt, mit hübschen Renaissancehäusern. Nanu! Plötzlich wird der Rathausplatz virtuell belebt: spielende Kinder, Männer mit Kniestrümpfen, und dann zieht auch noch ein Gewitter auf!

Das Bilderbuch wird mit Bewegtbildern, Musik und Sprache kombiniert – was wie von Geisterhand gesteuert wirkt. Ist es aber nicht, sondern modernste Museumstechnik: Der an der Decke angebrachte Beamer füllt die Buchseiten mit Menschen, Gegenständen und Geschichten – und macht so komplexe Inhalte anschaulich und verständlich.

Kinder lernen schon im Foyer den Jungen Konrad kennen, Erwachsene die Kaufleute Jakob Fugger und Bartholomäus Welser. Überhaupt dreht sich alles um die beiden bekanntesten Familien Augsburgs, die durch den Handel mit Baumwolle und Metallen Kapital anhäuften und Königen aus ganz Europa Großkredite gewährten.

Die Ausstellung ist erfrischend interaktiv: Für Kinder gibt es ein eigenes Pfeffersäckchen mit Chip, das Audio-Inhalte kindgerecht wiedergibt. Hübsch gemacht ist auch das »Handelsbuch« mit kniffligen Aufgaben. In der »Goldenen Schreibstube« werden zwei Porträts belebt – und beginnen zu reden. Und auf einem Tisch können alte Handelswege auf Karten hautnah erlebt werden.

Adresse Äußeres Pfaffengäßchen 23, 86152 Augsburg-Innenstadt, www.fugger-und-welser-museum.de, barrierefrei // ÖPNV Tram 2, Haltestelle Mozarthaus/Kolping // Öffnungszeiten Homepage, Kinder unter 7 Jahre frei // ab 6 Jahre

TIPP: Ein Spaziergang entlang der östlichen Stadtmauer führt zur historischen Treppe Schwedenstiege und der Skulptur »d'r Stoinerne Ma« (Steinerner Mann), eine der bekanntesten Augsburger Sagengestalten.

63_ DAS LECHMUSEUM

Wo es im Keller früher richtig rundging

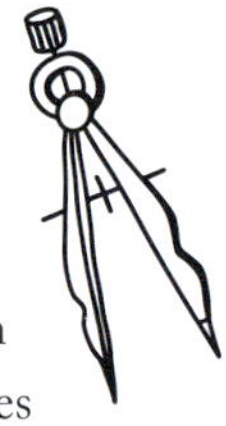

Kinder lieben Technik! Erst recht, wenn sie ihnen die Welt erklärt: »Wie macht man aus Wasser eigentlich Strom?« Im Lechmuseum Bayern in Langweid, gut 20 Autominuten nördlich von Augsburg, wartet die Antwort. Ein historisches Wasserkraftwerk mit Klinkerstein und Rundbogenfenstern direkt am Lech. Das Museum ist ins aktive Wasserkraftwerk integriert, das von LEW Wasserkraft betrieben wird.

Um dem Strom auf die Spur zu kommen, geht es erst mal in den Keller. Dort wartet eine trockengelegte Schauturbine, stimmungsvoll beleuchtet. Sie ist so groß, dass sie sich über zwei Etagen erstreckt. So kann man sie aus zwei Blickwinkeln betrachten. Früher ging es hier rund: Wasser aus dem Lech floss direkt von oben hinein, durch den Druck drehten sich die Turbinen und trieben einen Generator an, der Strom erzeugte. Beeindruckend finden Kinder, dass man genau dort steht, wo das Wasser durch die Turbinen floss.

Vor allem Schulkinder, die schon ein wenig über Strom wissen, werden das Museum lieben. Oben gibt es einen spannenden Film, interaktive Spiele wie den »Floß-Führerschein«, und an Mitmachstationen erfährt man, wie ein einfacher Stromkreis eigentlich funktioniert.

Wer noch Energie hat, kann vor dem Museum auf dem Nachbau eines historischen Lechfloßes herumklettern. Oder einem Lehrpfad zum Thema »Wasserkraft« im Außenbereich folgen: Dort trifft man auf ein Wildbienenhotel und ein Reptilienhabitat mit Blindschleichen und kann Sanddorn auf einem Kiesbett bewundern.

TIPP: Europas größtes Taglilienfeld blüht im Juni goldgelb, nur wenige Autominuten entfernt bei St. Stephan. Nur staunen, nicht pflücken!

Adresse Lechwerkstraße 19, 86462 Langweid am Lech, www.lechmuseum.de // **ÖPNV** Regionalzug, Bahnhof Langweid, 20 Minuten Fußweg // **Anfahrt** B 2, Ausfahrt Landweid-Nord, am Kreisel rechts abbiegen und parallel zur B 2 bis zur Lechwerksiedlung, dann links zum Kraftwerksgelände // **Öffnungszeiten** jeden 1. So im Monat, Eintritt frei // ab 0 Jahre

64_DAS MAISKÖRNERBAD

Eintauchen und abtauchen – ganz in Gelb

In ein buntes Bad aus Plastikbällen eintauchen, das kennt man. Aber in Maiskörnern baden? Das möchte man kennenlernen! Unzählige kleine gelbe Körner bedecken den Boden der Maschinenhalle auf dem Mitmachbauernhof »Beim Hibsch«, eine halbe Autostunde von Augsburg. Kinder können nach Herzenslust eintauchen, untertauchen oder sich einbuddeln.

Eine Frage kommt sofort auf: »Wer schält eigentlich den ganzen Mais?« Das fragen viele Kinder, sagt Lucia Bradl, die den Hof mit ihrer Familie betreibt. Denn schon Kindern wird schnell klar, dass das Maisbad zwar unheimlich Spaß macht, die Körner aber auch irgendwie dorthin kommen müssen. Und das tun sie nicht von alleine.

Pro Kolben sind es etwa 120 Gramm Mais. Für 2.000 Kilo, die in das Körnerbad gekippt werden, braucht man also 16.666 Maiskolben, sagt der Taschenrechner. Wenn ein Maiskolben durchschnittlich 450 Körner hat, sind das rund 7,5 Millionen Maiskörner. Um es kurz zu fassen: sehr, sehr viel Mais – damit man auch ganz toll darin baden kann!

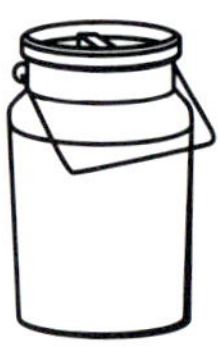

Alle Aktivitäten können individuell abgestimmt werden – für Familien, Schulklassen, Kindergärten oder Menschen mit Beeinträchtigungen. Tiere können gestreichelt, Hühner oder Kälber gefüttert werden. Traktoren und Landmaschinen sind zum Staunen oder Mitfahren da, eine Bauernhof-Rallye mit Rätsel ist möglich. Mit Trettraktoren fahren die Kinder Heu, machen eine »Pizza« für die Kuh oder schauen beim Melken zu. Auch einen Milchautomaten gibt es. Noch ein Highlight: Es darf im Stroh getobt werden!

TIPP: Auf dem Rückweg nach Augsburg kommt man südlich von Affing an einem Blumenfeld für Selbstpflücker vorbei. Im Herbst gibt es dort Kürbisse.

Adresse Ulrichstraße 59, 86568 Schönbach-Hollenbach, www.beim-hibsch.de // Anfahrt A 8, Ausfahrt Augsburg-Ost in Richtung Mühlhausen/Flugplatz, kurz vor Affing über Haunswies und Igenhausen in Richtung Aichach fahren // Öffnungszeiten nach Voranmeldung // ab 1 Jahr

65_DAS MAISLABYRINTH

Dinos und Raketen laden zum Versteckspiel ein

Wer sich mit den Kindern mal so richtig verlaufen möchte, muss im Sommer hin. Dann sind die Maispflanzen hoch, grün und wachsen dicht nebeneinander. So einfach findet man aus dem Maislabyrinth Radersdorf, eine halbe Autostunde von Augsburg, nicht wieder raus. Die großflächigen Motive sind nämlich ziemlich aufwendig: Mal ist es die 2,5 Kilometer lange Mondlandung, mal ein Schloss, ein Dino oder eine Rakete – alles ziemlich verschachtelt, aber ein Riesenspaß!

Gerade laufen zwei Jungen mit einem Zettel in der Hand vorbei. »Habt ihr die Nummer acht schon gefunden?«, wollen die beiden wissen. Kopfschütteln. »Vielleicht da?« Die beiden biegen ab. Damit es für alle spannend ist, werden an den 15 Stationen unterschiedliche Quizfragen für Kinder und für Erwachsene gestellt. Wer alle Antworten hat, darf den Ausgang suchen – und gewinnt mit ein wenig Glück am Ende der Saison etwas.

Suchen macht hungrig: Vor dem Labyrinth gibt es erst mal ein Eis. Außerdem viele selbst gebaute Spielmöglichkeiten, die Spaß machen: Dosenwerfen, eine Kugelbahn, ein Karussell, eine Seilbahn, Schaukeln, ein Klettergerüst, ein Trampolin, Tischtennis, ein Bolzplatz, Riesen-Spiele, und im großen Sandkasten kann man sich auf »Edelsteinsuche« begeben. Wer Kindergeburtstag feiert, kann in einem überdachten Pavillon mit den Freunden bei Torte oder einem Picknick über die richtigen Antworten spekulieren. »Was war die Antwort bei Fragestation Acht noch mal?«

Adresse Raiffeisenstraße 14, 86556 Kühbach, www.maislabyrinth-radersdorf.de // Anfahrt B 300 über Aichach, vor Kühbach links abbiegen, Richtung Radersdorf (Beschilderung) // Öffnungszeiten Juli – Anfang Okt., siehe Homepage // ab 2 Jahre

TIPP: Im Tyro-Toys-Museum nebenan gibt es 3.500 detailgetreue Miniaturmodelle von Traktoren und Landmaschinen (Mo–Sa).

66_DER MANDICHOSEE

Leinen los beim Segelurlaub vor der Haustür

Wenn Augsburg noch ein Meer hätte, wär's perfekt. Schaut man sich die gefilterten Instagram-Fotos an, die so entschleunigt wirken, mit Segelbooten, Holzstegen und Inseln, dann wäre man manchmal einfach gern irgendwo im Süden. Aber eigentlich hat man das ja alles fast vor der Haustür, nur nicht immer auf dem Schirm. Am Mandichosee, zwischen Merching und Königsbrunn, kann man auch dem Dolce Vita frönen. Er ist zwar nicht ganz so mondän wie der Ammersee, das nächste Segelparadies von Augsburg aus – aber nichts fehlt. Vor allem können schon Kinder und Jugendliche sich im Segeln, Windsurfen, Stand-up-Paddeln und Kanufahren versuchen. Die ansässigen Clubs bieten Schnupperkurse an. Die Ausrüstung leiht man – mitsamt aufblasbarem SUP-Brett und größenverstellbarem Paddel – im Wassersportcenter an der Ostseite. Manchmal finden sogar Segelregatten statt.

Für die Kleinen gibt's einen Spielplatz mit Wasserrad, Niedrigseilparcours, Beachvolleyball, Liegewiesen und es gibt sogar eine Insel. Am Kiosk werden Bratensulz und Brezn auf blau-weiß karierten Tellern serviert – willkommen im bayerischen Kurzurlaub.

Bis 1978 gab es den Mandichosee gar nicht. Dann wurde der Lech saniert, und die »Lechstaustufe 23 – Merching« entstand mitsamt einem 160 Hektar großen Stausee. 2003 benannte man ihn nach dem bajuwarischen Fürsten Mandicho. Die Staustufe gibt es auch noch: eine 24 Meter hohe Talsperre, die man sich einfach mal anschauen sollte – wie im Urlaub.

Adresse von Augsburg B 17, Ausfahrt Königsbrunn-Nord in Richtung Mering (Staatsstraße 2380) // Öffnungszeiten immer geöffnet; »WasserSportCenter« im Sommer täglich, Kurse nach Voranmeldung, www.mandichosee.de // ab 0 Jahre; Windsurfing-Kurs ab 10 Jahre

TIPP: Etwa 60 Meter unterhalb des Kraftwerks beginnt eine recht neue Fischtreppe, die teils unterirdisch verläuft, teils einen bestehenden Entwässerungsgraben nutzt. Bis zum Ende des Stausees hat sie zehn Höhenmeter überwunden. Spannend!

67_DAS MÄRCHENZELT

Phantasiewelten am knisternden Lagerfeuer

Gemütlich knistert das Feuer in der Mitte des Tipis, ein wenig Rauch steigt durch die Öffnung empor. Matthias Fischer legt noch ein paar Holzscheite nach. Dann entlockt er seiner Klangschale einen schwingenden Ton, der eine fast magische Atmosphäre schafft. Willkommen im Märchenzelt, in dem kleine und große Zuhörer in wundersame Phantasiewelten eintauchen.

Gleich geht es los, mit dem Satz, der jedes Märchen eröffnet: »Es war einmal …« Dann wird Matthias Fischer, der Sprecherziehung studiert hat und seit 1995 als Märchenerzähler arbeitet, beginnen zu erzählen: von fernen Ländern, tapferen Helden und mutigen Fabelwesen. Er wird frei erzählen, nicht vorlesen. Dazu hat er alle Geschichten verinnerlicht, passt sie aber den Wünschen seines Publikums an oder erfindet neue. Eine Prinzessin soll vorkommen? Ein Drache? Kein Problem! Das Erlebnis ist interaktiv, die Kinder werden eingebunden, gefragt und die Märchen als Dialoge präsentiert.

Doch zunächst begrüßt Matthias Fischer seine Gäste draußen im verwunschenen Garten: Eine Prinzessin in Rosa feiert heute ihren Geburtstag. Die Kinder nehmen in dem Tipi Platz – in sicherem Abstand zur Feuerschale –, dann beginnt die Märchenreise. Es ist Herbst, passend zur Jahreszeit gibt es nach dem Märchen leuchtend orange Kürbissuppe für alle Gäste – übrigens nicht nur bei privaten Geburtstagsfeiern, sondern auch bei Vorführungen für alle. Je nach Veranstaltung wird auch mal Stockbrot geröstet, Traumpunsch geschlürft oder Lebkuchen genascht – am knisternden Feuer, in märchenhafter Atmosphäre. Und wer will, darf ein Holzscheit nachlegen, damit die Flammen weiterhin so schön lodern.

TIPP: Im Kulturhaus Abraxas nebenan treten viele Theatergruppen auf – für Kinder gibt's immer tolle Stücke.

Adresse Sommestraße 30, 86156 Augsburg-Kriegshaber, www.maerchenzelt.de // **ÖPNV** Tram 2, Haltestelle St. Thaddäus; Bus 3, Haltestelle Offinger Straße; Bus 32, Haltestelle Flandernstraße // **Öffnungszeiten** ganzjährig, siehe Homepage // ab 3 Jahre (je nach Veranstaltung)

68_DAS MAZDA-MUSEUM

Das Glück rollt auf vier Rädern

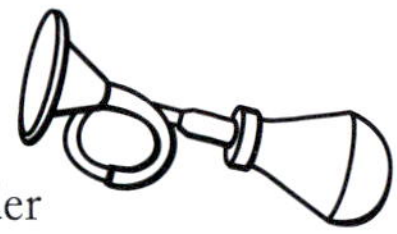

»Auto« gehört oft zu den ersten Wörtern der Kleinen. Denn sie sind fasziniert von allem, was Räder hat. Bei vielen Fans klingt diese Leidenschaft niemals ab. So wie bei Familie Frey, die seit 40 Jahren Mazda-Autos sammelt. Im privaten »Mazda Classic Automobil Museum Frey« sind über 120 Modelle zu sehen – die weltgrößte Sammlung an Mazda-Fahrzeugen.

Darunter sind wirklich wunderbare Raritäten, von denen man noch nie etwas gehört hat. Grundstein der Sammlung war ein schnittiger weißer Mazda Cosmo Sport, von dem es weltweit nur 1.600 Stück gab. Ungewöhnlich ist auch ein apricotfarbener Lieferwagen mit nur drei Rädern. Oder ein Retro-Reisebus mit stilvoll gepolsterten Klapptischen. Ein quietschgelber Pick-up mit Ladefläche aus Amerika? Ein froschgrüner Polizei-Jeep aus Burma, dem heutigen Myanmar? Um einen neuen Motor für dieses seltene Modell zu ergattern, musste sogar die Deutsche Botschaft eingeschaltet werden. Oder doch lieber ein weiß-blauer Rallye-Sportwagen mit Spoilern? Oder der Flügeltürer AZ-1, dessen Türen sich nach oben aufklappen lassen? Auch wer kein Autofan ist, wird das eine oder andere Lieblingsobjekt entdecken – und reichlich bunte Retro-Modelle.

Schon die Location ist sehenswert: Das sanierte Backsteingebäude, das früher ein Tramdepot war, ist seit 2017 das Zuhause der ungewöhnlichen Sammlung. In einer Ecke findet man Schienen und hölzerne Sitze, die aus einer alten Tram stammen – aus der Zeit, bevor der erste Mazda gebaut wurde.

TIPP: Über die Wertachbrücke und die Senkelbachstraße erreicht man einen Grünstreifen mit Jugendspielplatz mit mehreren Tischtennisplatten. Im Winter ist das Wertachbrucker Tor ein Rodelplatz, vor allem für Kleine.

Adresse Wertachstraße 29b, 86153 Augsburg-Oberhausen, www.mazda-classic-frey.de // **ÖPNV** Tram 2, Haltestelle Senkelbach // **Öffnungszeiten** Do – So 10 – 18 Uhr // ab 2 Jahre

69_DAS MERCATEUM

Nur mal kurz durch den Globus jetten

Wie sieht eigentlich die Welt von innen aus? Hmm!? Es gibt einen Ort, an dem man in die Welt reisen kann. Besser gesagt: durch sie hindurch, mitten in Königsbrunn, gegenüber den ehemaligen Thermen. Dort steht der größte begehbare Globus der Welt, der auf historischen Karten beruht. Er ist fünfmal so hoch wie der größte Papa, nämlich stolze zehn Meter.

Für jüngere Kinder ist das Gebäude vor allem von außen spannend. Allein schon die kugelrunden Wände! Auf dem Globus ist eine Weltkarte aus dem Jahr 1529 abgebildet. Sie gilt als die erste komplette Welthandelskarte und stammt vom spanischen Kosmografen Diego Ribero. Das Original auf Pergamentpapier wird in den Vatikanischen Archiven aufbewahrt. Als man das Mercateum baute, wurde die Karte eigens dafür freigegeben – und in 260-facher Vergrößerung für die Außenhülle kopiert.

Im Inneren des Globus geht es auf zwei Etagen um den Welthandel, der die Augsburger im 16. Jahrhundert in alle Welt führte. Es gibt Säcke mit Zimtstangen und Muskat, den Aufgang zu einem Schiffsdeck und den Miniatur-Nachbau des versunkenen Handelsschiffs »Bom Jesus«, das nach Indien segelte und von der Augsburger Kaufmannsdynastie der Welser finanziert wurde. Spannend!

In der kleinen Anlage davor kann man sich einen Metallstuhl suchen und die Fontänen vor dem Globus beobachten. Eine gelbe Telefonzelle wurde zu einem offenen Bücherschrank umfunktioniert – im Zeitalter der Smartphones ein spannendes Relikt für Kinder.

Adresse Königsallee 1, 86343 Königsbrunn, www.mercateum.de // ÖPNV Regionalbus 740 (ab 2022: Tram 3), Haltestelle Königsbrunn-Zentrum // Öffnungszeiten Mai–Okt. So, Feiertage 14–18 Uhr // ab 8 Jahre

TIPP: Was für eine tolle Feinarbeit: 13.000 Zinnfiguren stellen die legendäre Schlacht auf dem Lechfeld im Jahr 955 gegen die Ungarn nach. Alle handgefertigt und in drei Dioramen. Direkt nebenan im modernen Infopavillon 955. Am Wochenende gibt's Führungen.

70_DER MILCHAUTOMAT

Selbst gezapft schmeckt's noch besser

Stadtkinder denken manchmal, Kühe seien lila, und die Milch komme aus dem Tetra Pak. Das wird ihnen zumindest gelegentlich nachgesagt. Unsinn!? Mag sein, aber es kann nicht schaden, mal zu schauen, wo die Milch wirklich herkommt. Das geht perfekt auf dem Milchhof Stork in Bergheim, dem südwestlichsten Zipfel Augsburgs.

Dort begrüßen braune Kühe auf der Weide die Kinder neugierig: »Muh«. Von lila keine Spur. Auch nicht von Tetra Paks. Stattdessen frische Rohmilch zum Selbstzapfen: Der Milchautomat steht in einem Anbau, direkt neben dem Stall. Frischer geht es gar nicht. Ein Euro landet in der Kasse, für die neue Milchflasche. Der andere Euro wird in den Automatenschlitz geworfen. Teamwork bei den Kindern: Eins drückt auf den Startknopf, das andere hält die Glasflasche hin. Die ist so breit, dass nichts danebengeht. Vor dem Probieren muss die unbehandelte, nicht erhitzte Milch allerdings erst abgekocht werden.

Die 80 Kühe werden übrigens nur gemolken, wenn sie das selbst wollen. Dazu begeben sie sich aus ihrem Laufstall direkt in eine Art Melkbox und werden am Halsband erkannt. Ein Sensor misst Milchfluss und Körpertemperatur, eine Kamera zeichnet auf, wie sich die Kuh bewegt und trinkt. Bei Unregelmäßigkeiten benachrichtigt der Melkroboter Familie Stork sofort.

Die Kühe können übrigens immer raus auf die Weide, wenn sie wollen – und dort frische Luft schnuppern. Oder kleinen Besuchern beweisen, dass Kühe gar nicht lila sind.

TIPP: Fünf Autominuten entfernt ist die Schlossgaststätte Wellenburg mit einem schattigen Biergarten. Gegenüber kann man den Minigolf-Schläger schwingen.

Adresse Moosgrabenweg 9, 86199 Augsburg-Bergheim, Facebook: @milchhof.stork // Anfahrt von Inningen kommend in der Goldwiesenstraße zum Aussiedlerhof nach links abbiegen // Öffnungszeiten täglich 6 – 21 Uhr // ab 1 Jahr

71_ MINIGOLFEN IM SCHWARZLICHT

Mit Krokodilen im Dunkeln munkeln

Und Action! Jetzt wird's sportlich. Am besten zieht man sich was Weißes an, denn das leuchtet hier so schön. Im Stadtteil Lechhausen gibt es eine Anlage, wo man Minigolf im UV-Licht spielen kann, also Glow Golf – im Schummerlicht.

Die Wände sind mit fauchenden Wildtieren bemalt, am Türrahmen klammert sich ein Chamäleon an die Wand, mitten auf der Spielfläche lugt ein Krokodil mit geschupptem Rücken und großen Augen aus dem Wasser, und über der Bahn schweben bunte Schmetterlinge. Damit das Ganze noch authentischer wirkt, zwitschert, surrt und fiept es überall. Fehlt nur noch, dass der große Leopard aus der Ecke springt. Das tut er natürlich nicht.

Gespielt wird auf 18 Phantasiebahnen, mit einem Neonball, der im Dunkeln leuchtet. Dabei gelten die gleichen Regeln wie bei Minigolf im Hellen – also den Ball mit so wenigen Schlägen wie möglich ins Ziel befördern. Sechs Versuche hat jeder. Das klappt aber nicht immer, denn es gibt ein paar besondere Herausforderungen: Wenn man abschlägt, landet der Ball auf einer Bahn in einem Lift und surrt erst nach oben. Eine andere Bahn erinnert an einen Flipperautomaten. Witzig!

In solch einer spannenden Umgebung macht es fast nichts aus, wenn man am Schluss verliert. Am besten macht man es sich auf den Polstern der Lounge im Foyer bequem und zählt alle Punkte zusammen. Oder kichert noch mal über die Figur, die einen so erschrocken hat. Welche, wird nicht verraten!

TIPP: Mit dem Auto oder Radl ist der »H 2 Glaspalast« ganz nah: Kinder mögen zeitgenössische Kunst in riesigen Textilhallen. Dort können Mama und Papa in der Artothek ein Kunstwerk ausleihen – spannend!

Adresse Indoor Games Glow Golf Augsburg, Brixener Straße 8, 86165 Augsburg-Lechhausen, www.indoorgames.de // ÖPNV Tram 1, Haltestelle Berliner Allee, weiter mit Bus 48, Haltestelle Brixener Straße // Öffnungszeiten Di – Do 16 – 22 Uhr, Fr 14 – 23 Uhr, Sa 11 – 23 Uhr, So 11 – 20 Uhr // ab 6 Jahre

72_DAS MINI-LABYRINTH

Durchs Schneckenhaus auf der Wiese flitzen

Den Wittelsbacher Park kennt man: ein toller Ort, wenn man schnell mal Grün schnuppern, auf den Spielplatz oder mit den Kindern einfach einen alten Baum umarmen will. Doch selbst an altbekannten Orten entdeckt man immer wieder Neues: ein kleines Labyrinth mitten auf der Wiese unweit der Gögginger Straße.

Bunt bemalte Klinkersteine führen in den Mini-Irrgarten, die Gänge winden sich schneckenförmig im Kreis. Wiederholt steckt man in einer Sackgasse und muss umkehren. Das macht schon den Allerkleinsten Spaß. 13 Meter misst das Labyrinth – so groß wie drei hintereinander geparkte Kleinwagen. Würde man alle Gänge aneinanderreihen, käme man auf 263 Meter – so lang wie zweieinhalb Fußballfelder.

Eigentlich wurde das Labyrinth für die Großen gebaut: Sie sollen sich beim Durchlaufen Gedanken über eine bessere Welt machen. Damit wollten die Stadt und das Bündnis für Augsburg ein Zeichen setzen: Das Gemeinschaftsprojekt vieler Helfer entstand beim Weltfreiwilligenkongress 2018 mit 800 Teilnehmern im Kongress am Park nebenan.

Über dem Labyrinth wacht das höchste Gebäude der Stadt, 158 Meter, 35 Stockwerke – der »Maiskolben«, der seinen Namen wegen seiner Balkone bekommen hat. Direkt neben dem Labyrinth gibt es einen Biergarten mit verschnörkeltem Pavillon, der in einen Teich ragt – der beste Platz für eine kühle Limo! Weiter hinten im Park kann man sich im japanischen Steingarten hinter Findlingen verstecken. Der ganze Park – ein prima Entdeckerparadies!

Adresse Wittelsbacher Park (nahe Eingang Rosenaustraße/Gögginger Bahnbrücke), 86159 Augsburg-Antonsviertel // **ÖPNV** Tram 1, Haltestelle Kongress am Park // **Öffnungszeiten** immer geöffnet // ab 0 Jahre

TIPP: Bei Wolkenbruch: Schräg gegenüber, im Stadthotel, ist die Salzgrotte Amole mit wohltuenden Salzpartikeln in der Luft. Im Winter ist jeden Tag Familiensitzung (16 Uhr), im Sommer nur Di, Do, So.

73_DER MÜLLBERG

Einmal ein echtes Gipfelkreuz stürmen

Das ist doch echt der Gipfel! Da quetscht man sich immer ein, zwei Stunden ins Auto, um in den Alpen oder im Allgäu ein wenig zu wandern. Und irgendwann stellt man dann fest, dass man das Gipfelkreuz ja nun auch direkt vor der Haustür stürmen kann!

Das Wanderparadies für Familien erstreckt sich am nördlichen Stadtrand von Augsburg, in der Firnhaberau. 55 Meter überragt der Müllberg dort seine Umgebung – und gibt einen schönen 360-Grad-Rundumblick auf Augsburg, Gersthofen und den Flugplatz frei.

Der Müllberg ist genau das, was sein Name nahelegt: eine ehemalige Schutt- und Abfalldeponie, manchmal auch zärtlich »Monte Scherbelino« oder »Monte Schutt« genannt. 50 Jahre lang wurde aufgeschüttet, 1996 war Schluss damit. Stattdessen überzog man die Mülldeponie mit einer dicken Schicht aus Erde und Lehm. Wiesen, Bäume und Biotope entstanden – und 2016 gab man den Berg als Ausflugsziel frei.

Drehkreuze führen hinein: Ein 2,4 Kilometer langes Netz an Wanderwegen, die breit genug für Kinderwagen sind, durchzieht nun den Berg. Vorbei an dichtem Baumgrün unten geht es zu sattgrünen Wiesen und dann lichtet es sich immer mehr – bis man das Gipfelkreuz gestürmt hat. Bei Föhn kann man sogar die Alpen erspähen. Schnell noch ein Selfie vom ganz entspannten Mini-Wanderurlaub ohne lange Anfahrtswege – das mögen Kinder! –, und dann geht es wieder nach unten.

Adresse Müllberg, 86169 Augsburg-Firnhaberau // **Anfahrt** B2 bis Parkplatz Gersthofer Straße/Lechbrücke, Zugang über Parkplatz Gersthofer Straße (Staatsstraße 2381)/Lechbrücke beim Europaweiher, barrierefrei // **Öffnungszeiten** April–Okt. 8–20 Uhr, März–Nov. 8–16 Uhr // ab 0 Jahre

TIPP: Ein Naturparadies ist der Europaweiher, wenige Fußminuten nördlich: Libellen, Frösche, Biber oder Schwertlilien – es gibt so viel zu entdecken!

74_DIE OFENROHRE

Urban Gardening auf dem Stundenplan

Das alte Ofenrohr hat Augen und einen Mund, und aus seinem Kopf sprießen Haare. Die können bei falscher Pflege auch mal welk werden. Das Rohr ist kunterbunt und in bester Gesellschaft … anderer Rohre. Ein richtiger Hingucker ist das Urban-Gardening-Projekt am Vogeltor. Früher war die Ecke vor dem tristen Umspannhäuschen ein Hundebesitzertreff, heute ist es ein angenehmer Ort: Nicht nur Kinder bleiben stehen, um sich die ulkigen Rohre anzuschauen – und sich einfach zu freuen.

Nebenan sind aus farbenfroh bemalten Europaletten fünf Hochbeete entstanden, die nicht nur im Sommer, sondern selbst in der kühleren Jahreszeit noch blühen. Dafür wurden im Herbst Erika und andere winterfeste Pflanzen gesetzt. In der wärmeren Jahreszeit finden dort Bienen und andere Insekten Nahrung. Das Urban-Gardening-Projekt haben Fünftklässlerinnen der nahe gelegenen Mädchenrealschuhe St. Ursula ins Leben gerufen. Sie haben die Ofenrohre, Hochbeete und Gießkannen bemalt, beim Pflanzen hat die »Cityfarm« Augsburg geholfen. Während der Schulzeit kümmert sich die ganze Schule ums Bewässern, für die Ferien gibt es eigene Gießpläne.

Dass sich der Garten genau an dieser Ecke befindet, hat einen Grund: Dadurch sollte die Grünfläche aufgewertet werden, zudem hofft man, die Mauern des Umspannwerks vor illegalen Sprühbildern zu bewahren. Normalerweise arbeiten die Stadtwerke (swa) mit dem Graffiti-Verein »Die Bunten« zusammen, um solche Technikhäuschen zu bemalen, doch das geht hier aus Denkmalschutzgründen nicht. Also dann eben Blumenkunst statt Street-Art!

TIPP: Vis-à-vis, neben dem Vogeltor, dreht sich ein hölzernes Wasserrad, mit ein paar Liebesschlössern am Geländer.

Adresse Jakoberwallstraße, Ecke Oberer Graben, 86152 Augsburg-Innenstadt // ÖPNV Bus 22, 35, Haltestelle City-Galerie/VHS, oder Shuttle-Bus ab Moritzplatz // Öffnungszeiten immer geöffnet // ab 0 Jahre

75_DAS PAPIERTHEATER

Große Opernwelt für kleine Leute

Kinder lieben Musik und Effekte. Und beides gibt's im Papiertheater! Ein Besuch im »Multum in Parvo« in Mering ist etwas ganz Besonderes: das »kleinste Opernhaus Deutschlands«, ein wunderbar nostalgisches Papiertheater mit gerade mal 25 Sitzplätzen. Sind junge Zuschauer unter den Gästen, gibt es kindgerechte Einführungen. Zudem erklären die beiden Theatermacher, Christine Schenk und Benno Mischka, was eine Oper überhaupt ist, und erzählen Wissenswertes aus der Zeit, in der die jeweilige Oper spielt.

Der Einsatz ist genauso aufwendig wie auf einer großen Bühne. In Mozarts »Zauberflöte« wechselt das Bühnenbild 14-mal rasend schnell, zudem werden 94 Figuren hin und her geschoben – in gut einer Stunde Spieldauer. Hinzu kommen viele visuelle Effekte. In der Oper »Hänsel und Gretel« brennt erst das Hexenhaus, dann erscheinen 14 Engel gleichzeitig.

Nach jeder Oper gibt es einen Blick hinter die Kulissen. Technikaffine Kinder kommen auf ihre Kosten. Es gibt Beleuchtungskörper, Monitore, Beamer, Nebelmaschinen, einen komplizierten Schnürboden und viele Figuren. Die dürfen Kinder dann auch mal in die Hand nehmen. Und über die einfache, aber raffinierte Technik staunen: Die Figuren werden seitlich eingeschoben, und die Raumwirkung fasziniert alle.

Die Opern können auch als Kindergeburtstag oder Familienfeier gebucht werden. Sonntags trifft man viele Familien mit Kindern bei Matinee-Aufführungen mit Mittagsbüfett – als krönender Abschluss für alle Sinne.

TIPP: Nach der Oper noch kurz die Beine vertreten? Einfach die Straße runter zum Marktplatz in Mering, ein Eis holen – gibt's unterhalb – und eine Sitzbank ansteuern.

Adresse Augsburger Straße 48, 86415 Mering, www.papiertheater.bayern // **ÖPNV** Regionalbahn, Bahnhof Mering // **Anfahrt** B 2 bis Mering, an der Tankstelle in Mering links in die Augsburger Straße abbiegen // **Öffnungszeiten** siehe Homepage // ab 6 oder 8 Jahre empfohlen (je nach Oper)

76_DER PIZZA-AUTOMAT

Lieblingsessen auf Knopfdruck

Automaten gehen immer: Geld einwerfen, dann rattert und blinkt es, und man kann etwas rausziehen. Das lieben alle Kinder! Der Pizza-Automat des Restaurants »La Commedia« im Antonsviertel gehört dazu. Er ist so groß wie ein Schrank und steht draußen, direkt vor der Pizzeria.

Zwei klassische Sorten sind im Angebot: Margherita und eine weitere Sorte – mal Salami, mal Schinken mit Pilzen. Für letztere will der Automat vier Euro, dann legt er sofort los: Es flackert, rumort und der Countdown läuft. 180 Sekunden dauert es, bis die Pizza fertig ist. Alle starren auf den Automaten, und das Ganze wirkt ein wenig wie »Warten aufs Christkind«. Noch wenige Sekunden. Ping. Null. Ganz langsam wird die Pizza auf einer Kartonhälfte aus einem Schlitz geschoben: Sie ist rund, in Stücke geschnitten und reicht für zwei kleine Kinder. Auf hohen Holztischen mit Sitzbänken werden zufrieden Käsefäden gezogen. Lecker!

Der Automat steht direkt vor der Backstube der Pizzeria, an der Ecke Gögginger Straße/Eichleitnerstraße – was übrigens exakt der geografische Mittelpunkt Augsburgs sein soll. Aber es gibt keine Luke! Der Blick sucht die Rückwand des Automaten ab, aber der arbeitet vollautomatisch, ganz und gar autonom. 80 tiefgekühlte Pizzen passen rein, die man Tag und Nacht ziehen kann. Familie Pellizzari hat den Pizza-Automaten während der Corona-Zeit aus Italien beschafft – und schnell viele Fans gewonnen.

> **TIPP:** Genau gegenüber an der Ecke liegt das Polizeipräsidium: Von außen sieht man viele Streifenwagen und Beamte in Uniform aus und ein gehen – Kinder finden das spannend!

Adresse Gögginger Straße 49, 86159 Augsburg-Antonsviertel, www.lacommedia.eu // ÖPNV Tram 1, Haltestelle Polizeipräsidium // Öffnungszeiten immer geöffnet // ab 1 Jahr

77_DIE PUPPENKISTEN-FENSTER

Schauen, ob die Marionetten schlafen

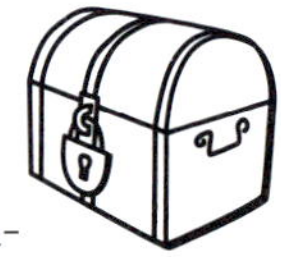

»Schlafen Marionetten eigentlich auch?« Hmm?! Ein Spaziergang am Abend führt an der weltberühmten Augsburger Puppenkiste vorbei, dem Aushängeschild der Stadt. An der Spielstätte im Heiliggeistspital sieht man von außen nichts von den beliebten Fadenpuppen. Dafür jedoch genau gegenüber, in den Schaufenstern des Puppenkisten-Shops – da brennt noch Licht. Und dort warten Zauberer, Marionetten und ein Waffelberg. Alle noch wach!

Die Spitalgasse hoch gibt es zwei weitere Szenenfenster mit Flugdrachen, Blechbüchsenarmee und anderen Fadenpuppen. Alle machen Lust auf die Puppenkiste. Für eine Aufführung sollte man sich schon frühzeitig Karten sichern. Am besten den Newsletter abonnieren und erfahren, wann der Kartenvorverkauf für die Saison beginnt! Klassiker wie Jim Knopf werden vor Ort allerdings nie aufgeführt, da sie seinerzeit nur fürs Fernsehen konzipiert wurden. Im Puppenkisten-Museum »Die Kiste« trifft man die Helden der Kindheit: Urmel oder Lukas den Lokomotivführer – und sogar das legendäre Folienmeer. Wer erinnert sich noch, wie Jim Knopf in einem Karton mit Luftlöchern ankam? In zwei kleinen Museumskinos kann man solche Szenen in Schwarz-Weiß nachgucken. Hach!

Übrigens: Der Ohrwurm »Eine Insel mit zwei Bergen« ertönt bei jedem Tor des FC Augsburg. Vor dem Spiel bekommt die Gastmannschaft eine Marionette überreicht. Und in Lechhausen entsteht gerade ein Viertel mit Lummerland- und Jim-Knopf-Straße. Wenn das Straßenschild bald hängt: Nix wie hin auf ein Selfie!

Adresse gegenüber von Spitalgasse 15 (Am Roten Tor 2), 86150 Augsburg-Innenstadt, www.augsburger-puppenkiste.de // **ÖPNV** Tram 2, 3, 6, Haltestelle Rotes Tor // **Öffnungszeiten** immer geöffnet (Schaufenster), für Aufführungen, Shop-Öffnungszeiten und Veranstaltungen siehe Homepage // ab 0 Jahre

TIPP: Ein Muss ist der tolle Lummerland-Spielplatz, den man über die Rote-Torwall-Anlage oder die Straße Beim Rabenbad in wenigen Minuten erreicht: Auf Holzgleisen klettert man nach Lummerland, das zwei Berge und einen Tunnel hat. Jim Knopf und alle Bewohner sind schon da, sogar das Piratenschiff der Wilden 13, das geentert werden will.

78_DIE PUPPENKLINIK

Wo treue Weggefährten gesund werden

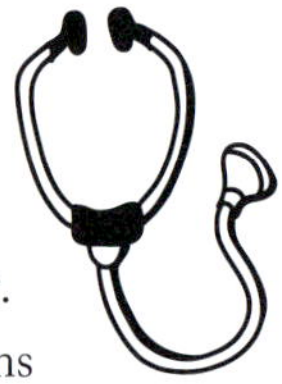

Es kann schon mal vorkommen, dass sich der Lieblingsteddy ein Ohr abreißt oder die Puppe den Arm auskugelt. Da hilft Trost alleine nicht mehr, die Lieblinge müssen ins Krankenhaus! Am besten in eines, das sich auf Mini-Patienten spezialisiert hat: die Puppen- und Teddyklinik mitten im Domviertel.

Hübsche neue Puppen mit blonden, schwarzen oder rötlichen Haaren warten im Schaufenster auf Puppenmuttis. Die Notaufnahme befindet sich gleich rechts vom Eingang, ein rotes Kreuz lotst Patienten dorthin. In einem Regal wartet eine soeben eingelieferte Puppe unter einer rosa Decke mit der Aufschrift »Krankenhaus«, ein paar andere haben die Behandlung schon hinter sich. Der Operationssaal: gleich nebenan.

Puppen und Kuschelfreunde von Kindern haben Vorrang. Puppendoktorin Eva-Maria Haschler behandelt sie mit ihrem Team besonders schnell, damit sie rasch wieder nach Hause können. Mittlerweile macht sie das schon seit über 20 Jahren und bekommt Anfragen aus aller Welt. Viele Patienten werden per Post eingeliefert, von löchrigen Schnuffeltüchern über Puppen, die von Müttern an die eigenen Töchter weitergegeben werden, bis hin zu Sammlerstücken.

In der Puppenklinik gibt es alles, was Puppenmütter auch haben – nur in Klein: Fellstiefel, Dirndl oder Leggings. Puppen können heutzutage Posaune lernen und Brillen tragen, sie bekommen winzige Wassermalkästen und Lederschulranzen – damit sie ihren Besitzerinnen nacheifern können. Natürlich erst, wenn sie wieder gesund sind.

TIPP: 200 Meter Fußweg ums Eck und in Richtung Fischertor sind es bis zum gemeinnützigen Laden und Café »Tante Emma«. Selbst gebackenen Kuchen, einen Snack oder ein leckeres Frühstück kann man sich dort gönnen. Öffnungszeiten: Mo–Fr 8–18 Uhr, Sa 8–14 Uhr.

Adresse Auf dem Kreuz 10, 86152 Augsburg-Innenstadt, www.puppenklinik-augsburg.de // **ÖPNV** Tram 2, Haltestelle Mozarthaus/Kolping // **Öffnungszeiten** Mo–Fr 10–18 Uhr, Okt.–Dez. auch Sa 10–13 Uhr // ab 0 Jahre

79_DIE REPTILIENFARM BOBINGEN

Im Land der Mini-Dinos

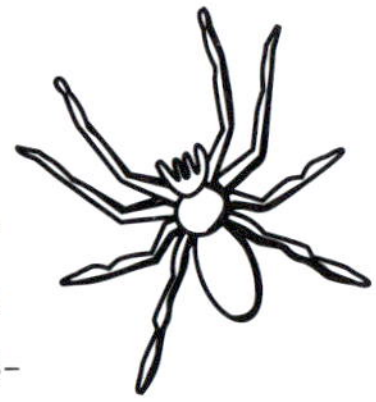

Es ist schon großartig, wen man hier alles trifft: einen Mini-Dino! Eine Milchschlange mit orange-weißen Streifen! Vogelspinnen, Krokodile, Echsen, Schildkröten – und sogar eine Anakonda. Sie alle leben nicht irgendwo im Dschungel, sondern in der Reptilienfarm Bobingen südlich von Augsburg. Etwa 20 Terrarien gibt es dort, im ersten Stock einer Zoohandlung, die man zuvor durchquert, an echten Piranhas vorbei.

In der Reptilienfarm oben kommen Kästen für heimische Tiere wie den Laubfrosch, Feuersalamander oder Bergmolch hinzu. Die packen die »Reptilienfreunde«, ein privater Zusammenschluss, mal ein, um sie Schulkindern im Klassenzimmer zu zeigen. »Das Verhältnis der Kinder zu den Tieren verändert sich«, sagt Simon, der sich in der Gemeinschaft engagiert.

Wer das erste Mal da ist, hat viele Fragen: Sind Schlangen glitschig? Und Krokodile immer grasgrün? Simon führt die Kinder herum und erklärt alles geduldig. Dann holt er eine Kragenechse heraus, die eine große Halskrause hat. Stellt sie diese auf, wirkt sie wie ein urzeitlicher Mini-Dino! Flugs klettert das Tier auf die Schulter des Kindes, da es dort einfach bequemer ist – und bleibt ganz entspannt erst einmal sitzen.

Es macht riesigen Spaß, die Tiere einfach zu beobachten – etwa die Riesenschildkröte im Wasser, die unbeweglich und mit offenem Maul ausharrt. Schwimmt ihre Beute zufällig vorbei, muss sie einfach nur zuschnappen. So viel Geduld muss man erst mal haben!

TIPP: Baumeister aufgepasst! Auf dem Wasserspielplatz in Bobingen kann man Dämme bauen, Bachläufe umgestalten und Wasser pumpen (Inselweg 5).

Adresse Hans-Sachs-Straße 15, 86399 Bobingen // **ÖPNV** Regionalzug bis Bobingen, weiter mit Bus 735 // **Öffnungszeiten** Sa 14–16 Uhr, Eintritt frei; um Spenden wird gebeten // ab 3 Jahre

80_DER RODELHÜGEL

In alle Himmelsrichtungen abwärtsflitzen

Was wäre Bayern ohne Berge? Nun liegt Augsburg aber weder in den Alpen, noch gibt es steile Hänge oder kilometerlange Rodelpisten. Dafür steht Augsburg, nach München, auf Rang zwei der schneereichsten Großstädte Deutschlands. Und wenn es im Winter wieder so weit ist, dass Frau Holle ihre Betten ausschüttelt, dann holt man die Schlitten aus dem Keller und sucht die perfekte Piste. Voilà, da ist sie: Der Griesle-Hügel in der Schillanlage in der Firnhaberau verspricht rasante Rodelpartien!

Auf den ersten Blick ist die Erhebung ein bescheidener Hügel. Kein richtiger Berg und nicht allzu hoch. Und auch noch künstlich aufgeschüttet. Doch er hat etwas, was es nicht überall gibt: Man kann von der Kuppe in alle Richtungen hinabsausen! Es gibt steilere Pisten, aber auch ganz gemütliche. In Richtung Lech ist es durchaus steil. Dort werden an Schneetagen von der Stadtverwaltung große Strohballen als »Bremsschutz« platziert, damit keiner über das Ziel hinausschießt. Die Stadt nimmt Rodelhügel wirklich ernst – und listet sie sogar auf ihrer Homepage. Anders als in vielen anderen Regionen Deutschlands liegt in Augsburg im Winter recht zuverlässig Schnee. Daher lohnt es sich, unbedingt beizeiten ein paar coole Rodelhügel zu checken.

Nach vorne, zur Fußballwiese an der Schillstraße, ist es auch steil, aber anders. Dann gibt es noch die Seiten. Und irgendwann hat man alle Himmelsrichtungen durch – ein 360-Grad-Rodelhügel, sehr cool!

Adresse Schillanlage: Grünanlage beim Vereinsgelände der TSG 1885 Lechhausen, zwischen Lech und Schillstraße (Hausnummer 130), 86169 Augsburg-Firnhaberau // ÖPNV Bus 22, Haltestelle Am Grünland // Öffnungszeiten immer geöffnet // ab 1 Jahr

TIPP: Auf dem Spielplatz neben dem Hügel kann man sich gut austoben. Es gibt einen Ballkorb aus Stahl mit drei Ausgängen, aus denen der Ball herausrollen kann. Oder man kann einfach am Lech spazieren gehen.

81_DIE RÖMERMAUER

Hahn und Ziege sind auch schon da

Römische Geschichte? Das klingt erst mal nach verstaubten Museumsvitrinen, Lateinvokabeln und Stillsitzen. Geht aber auch draußen, mit Herumflitzen an der frischen Luft. Auf zur Römermauer am Domvorplatz, die immer geöffnet ist. Dort werden seit 70 Jahren Kopien von römischen Denkmälern, die in Augsburg gefunden wurden, gesammelt. Ohnehin gibt es – aufgrund baulicher Probleme – seit Jahren kein »richtiges« Römermuseum mehr, sondern nur ein Dauerprovisorium im Zeughaus.

Nun sind das aber viele graue Steine, zumindest aus Kindersicht. Aber hey, man kann dort so einiges entdecken – auch Tiere. Wie wäre es mit einem Mini-Ratespiel? Wer sieht den Weinhändler mit dem Ochsengespann? Da sitzt ja noch ein Tier auf dem Weinfass! Und wer findet Hahn und Ziegenbock, die den Kaufmannsgott Mercurius begleiten? Oder die Männer, die gerade Ware verpacken? Was da wohl drin war? Eine Tafel liefert die Antwort: Es war ein Stoffballen, der so groß war, dass er mit Seilen und Stange verpackt werden musste. Und wer findet ein Symbol, das im heutigen Stadtwappen, aber auch beim FC Augsburg auftaucht?

Für die Größeren kann man sich Rechenspiele ausdenken: Das Grabmal des Rechtsgelehrten Marcus Aurelius Carus ist sieben Meter hoch. Wie oft passt der Lieblingsteddy des Kindes rein, der einen halben Meter misst? Wer weiß, was M für eine Zahl ist? Gemeinsam erschließt man sich römische Jahreszahlen. Das ist fast, wie einen Geheimcode zu knacken – und gar nicht verstaubt!

TIPP: Nur ein paar Schritte weiter kann man sich im gepflegten Fronhof auf einem Mini-Spielplatz mit Klettergerüst und Rutsche austoben. Auf der anderen Seite gibt's Kirchenfundamente im Boden zu bestaunen.

Adresse Domvorplatz, 86152 Augsburg-Innenstadt, barrierefrei // ÖPNV Tram 2, Haltestelle Dom/Stadtwerke // Öffnungszeiten immer geöffnet // ab 0 Jahre

82_DIE RUTSCHE

Traut sich jemand?

Mit ihrem eckigen Backsteinturm wirkt die Bastion an der Vogelmauer so, als würde gleich Rapunzel ihr Haar herablassen. Der Jakoberwallturm, Teil der alten Stadtbefestigung, sieht wirklich wie aus dem Märchen aus. Bis 1976 lebte sogar noch jemand darin, jetzt ist er nur an Festen geöffnet.

Aber: Um die Bastion geht es gar nicht. Sie ist nicht das Ziel, sondern nur ein wichtiger Anhaltspunkt auf dem Weg zur vermutlich längsten Rutsche der Stadt. Wer die Vogelmauer entlangläuft und direkt neben dem Jakoberwallturm durch den kleinen Torbogen huscht, hat sie gefunden: die glänzende Halbröhre aus Edelstahl, die sich den Hang hinunterzieht und dort neben der Stadtmauer ein wenig versteckt ist.

Wer rutschen will, muss zunächst die Stufen hinaufklettern, schön sicher mit Handlauf neben den Stiegen, dann ist man oben. Der verwunschene kleine Platz auf der Wallkrone war im Mittelalter übrigens mit drei Kanonen bestückt.

Setzen, kurz mit den Beinen abstoßen, und man flitzt, wenn man die richtige Rutschhose anhat, ziemlich steil und noch dazu kurvig den Hang hinunter. Doch keine Sorge, die Seiten der Rutsche sind so hoch, dass man eigentlich nicht hinausfallen kann – und unten gibt es Auslauf und weiche Palisaden, falls man doch mal rausplumpst. Und dann? Noch mal! Für die ganz Kleinen ist die Hangrutsche zu steil, sie windet sich, und ganz am Schluss hat man doch gut Fahrt drauf. Viel zu schnell für die Mini-Kids! Alle anderen werden sie aber lieben!

TIPP: Die Dult ist Kult! Das »längste Kaufhaus der Stadt« zieht sich im Frühjahr und Herbst vom Vogel- zum Jakobertor. Neben Firlefanz dürfen Zuckerwatte, Bratwurst und ein Karussell nicht fehlen.

Adresse Vogelmauer 46/ Jakoberwall, 86152 Augsburg-Innenstadt // ÖPNV Tram 1, Haltestelle Jakobertor // Öffnungszeiten immer geöffnet // ab 5 Jahre

83_DIE SCHLANGENLINIEN

Wo ABC-Schützen und Slalomläufer üben

Schleifen, Spiralen und Bögen: Schwungvoll spurt das Kind die Linien auf dem Papier nach, damit es bald mit dem Schreiben klappt. Das »S« wie »Slalom« lässt sich auch prima an der frischen Luft üben: auf dem Rathausplatz! Dort zieren geschwungene weiße Linien das Pflaster. Kinder lieben es, auf den Schlangenlinien quer über den Platz zu flitzen!

Das geht aber nicht immer: Im Sommer und bei Sonne sitzen hier alle auf dem Boden. Beim Hohen Friedensfest am 8. August – ein gesetzlicher Feiertag in Augsburg – essen wildfremde Menschen gemeinsam an langen Tafeln. Am 29. September, beim »Turamichele«-Fest, sticht der mechanische Erzengel Michael auf den Teufel ein, während unzählige Luftballons in den Stadtfarben Rot, Weiß und Grün aufsteigen. Beim Turamichele-Schauspiel treten Kinder zwischen acht und elf Jahren auf. Im Winter verschwinden die Schlangenlinien unter heimeligen Holzbuden, in denen es nach Punsch und gebrannten Mandeln duftet, während alle auf das Engelesspiel an den Rathausfenstern warten. Aber sonst gehören die Schlangenlinien den Kindern!

Was nicht alle wissen: So groß wie heute war der Rathausplatz noch nie – eine Folge von Kriegszerstörungen. Als man die alte Börse, die direkt vor dem Rathaus gestanden hatte, wieder aufbauen wollte, kam es 1962 zu Protesten und einer Bürgerabstimmung: »Freier Rathausplatz« hieß die Forderung. Die Baugrube wurde wieder zugeschüttet, und aus zwei kleinen Plätzen wurde ein schön großer, auf dem man Schlangenlinien laufen kann.

Adresse Rathausplatz, 86150 Augsburg-Innenstadt, barrierefrei // ÖPNV Tram 1, 2, Haltestelle Rathausplatz // Öffnungszeiten immer geöffnet; Das Kinder-Casting für das Turamichele-Schauspiel findet im Juni statt, Infos unter karokids@sw-augsburg.de. // ab 0 Jahre

TIPP: In der Adventszeit kann man die Märchenstraße rund um Rathaus- und Moritzplatz bestaunen. In acht liebevoll dekorierten Schaufenstern wird ein Kindermärchen als Fortsetzung erzählt – mit beweglichen Puppen und Figuren.

84_DIE SCHOKOLADEN-THEKE

Kunterbunte russische Süßigkeiten

»Kinder, wir fahren nach Russland.« Große Augen. »Okay, fast.« Immerhin steht eine kulinarische Entdeckungsreise an. Das osteuropäische Universum liegt im Hochfeld, sein Zentrum im Supermarkt »Mix Markt«: Russische Popmusik empfängt die Besucher, die Regale sind breit, die Auswahl an Sonnenblumenkernen (»Warum so viele?«), Salzgurken (»Sind die nicht sauer?«) und Trockenfisch (»Kann man den Kopf auch essen?«) lässt nicht nur Kinder staunen. Der Aufdruck auf den Produkten ist meist auf Kyrillisch (»Mama, was ist das umgekehrte R für ein Buchstabe?«), doch es gibt auch georgisches Mineralwasser und kroatische Neapolitaner-Waffeln.

Das Kinderglück lauert kurz vor den Kassen: die vielleicht bunteste Süßigkeitentheke der Stadt! Vier Regale Schokoladenkonfekt, Geleebonbons und Pralinen zum Selbstmischen. Das Highlight ist Waffelkonfekt in zauberhaftem Nostalgie-Papier, das sogar die Sowjetunion überdauert hat: Generationen von Kindern lieben »Mischka Kosolapyj«, den krummbeinigen Braunbären, oder »Belotschka«, das Eichhörnchen auf grünem Papier. Der Klassiker, die »Volksschokolade« der Sowjetunion schlechthin, ist jedoch »Aljonka«, das Mädchen mit den blauen Kulleraugen und dem Kopftuch. Von jeder Sorte wandert ein wenig in die Tüte.

Zu Hause wird gestapelt, gespielt und mit dem hübschen Nostalgie-Papier gebastelt – nachdem die ersten Schokowaffeln im Mund verschwunden sind. Die nächste Reise nach Russland ist schon beschlossene Sache, zumindest kulinarisch.

TIPP: Fünf Fußminuten entfernt gibt es im Secondhandladen »Mini-Klamotti« tolle gebrauchte Kinderkleidung bis Größe 128. SOS-Familienzentrum, wechselnde Öffnungszeiten, www.sos-kinderdorf.de – nach »Hochfeld« suchen.

Adresse Johann-Georg-Halske-Straße 20, 86159 Augsburg-Hochfeld, www.petershof-augsburg.de // ÖPNV Tram 2, Haltestelle Berufsschule; Tram 3, Haltestelle Von-Parseval-Straße // Öffnungszeiten Mo–Sa 8.30–20 Uhr // ab 1 Jahr

85_DAS SCHOKO-SCHLÖSSCHEN

Wirklich zum Dahinschmelzen!

Im Schlaraffenland wachsen gestreifte Zuckerstangen und Bonbons in Knisterpapier an Bäumen. Stimmt leider nicht. Aber es gibt ein echtes »Schoko-Schlösschen« im Zentrum von Königsbrunn. Die kunterbunte Fassade erinnert an fließenden Schokoladenschmelz, das Fassadentürmchen aus Zuckerguss krönt eine Goldkrone. Am Eck davor kann man einen Herzenswunsch in den Glücksbrunnen mit dem Froschkönig rufen. Fehlt nur noch ein Hexenofen ... Und tatsächlich gibt es einen Holzofen auf der Terrasse, allerdings nur für knuspriges Brot.

Dieses märchenhafte Gebäude betreibt Familie Müller. In ihrem Schoko-Schlösschen, eigentlich »Chocolaterie Café Müller«, gibt es Backwaren, Torten, Kuchen, Pralinen, Eis und handgefertigte Schokolade. Sehr lecker ist der »Zwetschgendatschi«, der als Augsburger Kulturgut gilt. Die farbenprächtige Phantasiefassade ist an den Stil des weltberühmten Architekten Antoni Gaudí (1852–1926) angelehnt.

Nun ist das Café Müller vielleicht nicht unbedingt der Ort, an dem man mit einer Schar Krabbelkinder einfallen würde, sondern ein ganz zauberhaftes klassisches Café. Aber für einen entspannten Nachmittag mit der ganzen Familie oder den Großeltern ist es genau der richtige Ort. Oder einfach, um sich etwas Besonderes zu gönnen.

Wer nun den späteren Berufswunsch »Zuckerbäcker« entwickelt, kann hier reinschnuppern: Für Kinder zwischen sechs und zwölf Jahren werden regelmäßig Schoko-Workshops veranstaltet, bei denen man seine eigene Tafel selbst gießt und verziert!

Adresse Bürgermeister-Wohlfarth-Straße 62, 86343 Königsbrunn, www.cafemueller.com // **ÖPNV** Regionalbus 740 (ab 2022: Tram 3), Haltestelle Königsbrunn-Zentrum // **Öffnungszeiten** Di–So, siehe Homepage // ab 1 Jahr

TIPP: Am Mercateum-Globus vorbei, kommt man in wenigen Minuten zum Skaterpark, wo immer was los ist.

86_DIE SIEBEN TISCHE

Wie der Wald zu seinem Namen kam

Ausflügler zieht es vor allem im Sommer in den Siebentischwald – wunderbar schattig und nie zu heiß. Aber der Name! Der hat vermutlich jedes Kind schon mal beschäftigt: »Wieso heißt der Siebentischwald eigentlich so?« Um es anschaulich zu erklären, muss man dorthin. Unweit des Stempflesees stehen an einer Waldkreuzung robuste Holztische mit Bänken: eins, zwei, drei ... sieben! Ein toller Ort für ein Picknick: leckeres Fingerfood einpacken, Obst und Gemüse schnippeln – Kinder essen gern im Freien! Kühles Trinkwasser gibt es nebenan auf Knopfdruck aus dem gusseisernen Brunnen – sehr praktisch.

Früher wurde an dieser Stelle Bier ausgeschenkt. Wo vor wenigen Jahren die sieben Tische aufgestellt wurden, gab es ein beliebtes Ausflugslokal: »Bei den sieben Tischen«. Der Wirt hatte eine Lizenz für – man ahnt es – genau sieben Tische, die vor der Gaststätte standen. Das Lokal war so beliebt, dass sogar die Tram dorthin fuhr, zumindest ein paar Jahre lang. Im Bombenhagel wurde das Gasthaus 1944 jedoch stark beschädigt und musste abgerissen werden.

Wer noch Energie hat, kann einen Abstecher zu den Siebentischanlagen machen, dem nördlichsten Abschnitt des Siebentischwaldes. Kurz zum barocken Schaezlerbrunnen, über die Grillwiese zum Spielplatz mit Klettergerüst und witzigem Wackel-Jeep. Schließlich eine Limo beim beliebten Aussichtslokal Parkhäusl schlürfen (an Winterwochenenden gibt's heißen Punsch) und eine Runde auf der Minigolfanlage spielen.

TIPP: Alles quak?
Nur wenige Schritte sind es bis zum Krötentümpel, wo man im Frühjahr Kaulquappen gucken oder ein Froschkonzert hören kann.

Adresse Ilsungstraße/Siebentischwald, 86161 Augsburg-Spickel // ÖPNV Tram 2, Sportanlage Süd P+R // Öffnungszeiten immer geöffnet // ab 0 Jahre

87_DER SKATERSCHUHBAUM

Schnell mal die Sneakers am Ast auslüften

Mal hat sich die Sohle gelöst, mal klafft ein riesiges Loch, oder die Sneakers sind einfach komplett ausgelatscht. Eines haben die Schuhpaare allerdings gemeinsam: Sie hängen alle paarweise an ein und demselben Baum. Nicht irgendwo, sondern genau dort, wo sie verschlissen wurden: im Skatepark an der Rumplerstraße im Univiertel.

Das sieht ganz witzig aus. Und scheint Tradition in der Skaterszene zu sein, da einige Schuhe schon richtig grün und vermoost sind. Doch warum hängt man seine abgeschrubbten Latschen in einem Baum auf? Zwei Jungs, die gerade trainieren, versuchen es mit einer Erklärung: »Das sind alles Schuhe, die hier zerstört wurden – als Erinnerung eben.« Der Beton ist hart, und die Vans scheuern schnell durch.

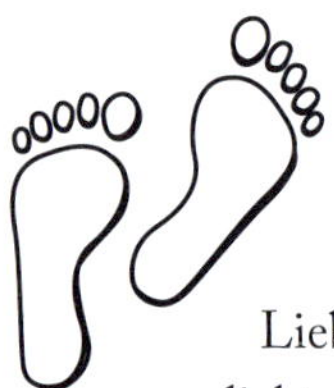

Es ist also eine Art Erinnerungsritual, ähnlich wie Liebesschlösser an einer Brücke. Die Schuhe waren heiß geliebt, man hat schöne Momente in ihnen erlebt. Und nun lässt man sie da, wo man die tollen Augenblicke hatte. Ach ja, Glück bringen soll's auch, heißt es. Woher die Sache mit den Schuhbäumen kommt, weiß aber niemand so genau. Es beginnt mit einem Paar, und alle tun es dem Ersten nach. In Amerika kommt das öfter vor, am österreichischen Kapfenberg gibt's wohl auch einen Skaterschuhbaum – neben dem Funpark für Skater. Wie in Augsburg also.

Wer Abwechslung sucht und seine Sneakers ein wenig abnutzen möchte, kann unter dem Schuhbaum eine Runde skaten, ein wenig kicken oder sich auf dem Spielplatz auspowern.

Adresse Rumplerstraße, Ecke Alter Postweg, 86159 Augsburg-Universitätsviertel // **ÖPNV** Tram 3, Haltestelle Bukowina-Institut // **Öffnungszeiten** immer geöffnet // ab 0 Jahre

TIPP: Wer hat die Mega-Mikadostäbchen dort hingeworfen? Über den Uni-Campus verteilen sich Dutzende moderne Kunstwerke, die man kostenlos im Freien bestaunen und interpretieren kann.

88_DER SOCCERPARK REHLING

Ist das jetzt Golf oder Fußball?

Ein großer schwarzer Reifen mitten auf der Wiese? Die Herausforderung ist klar: Genau da muss der Ball durch! Mit dem Fuß. Außenrum zählt nicht. Klingt relativ einfach. Ist es aber nicht! Ähnlich wie beim Minigolf hat man nämlich nur eine bestimmte Anzahl an Versuchen – so funktioniert Fußballgolf.

Statt Schläger und Mini-Hartball kommen im Soccerpark Rehling, nördlich von Augsburg, allerdings Fußbälle zum Einsatz. Jeder Spieler hat einen eigenen, in der handelsüblichen Größe drei bis fünf, je nach Alter. Gespielt wird auf einem Parcours mit 18 Bahnen, die alle mit unterschiedlichen Hindernissen gespickt sind: Es gilt, Baumstämme, Felsen und Hügel zu meistern. Wie beim Golf gibt es eine Par-Vorgabe, die sich nach Länge und Schwierigkeit der Bahn richtet. Die maximale Schusszahl ist die dreifache Par-Angabe. Ziel ist es, die Partie mit so wenig Schüssen als möglich zu meistern.

In einer Gruppe, die Flight genannt wird, können bis zu sechs Spieler mitmachen. Bei größeren Gruppen werden mehrere Flights gebildet, die direkt hintereinander spielen oder an verschiedenen Stellen im Parcours einsteigen – etwa bei Schulklassen oder Kindergeburtstagen. Für die 18 Bahnen sollten gut zwei Stunden eingeplant werden. Sehr cool: Auch Oma und Opa können mitspielen. Oder einfach von der Sonnenterrasse mit Beacharena, mit Sand unter den Füßen und einer kühlen Limo in der Hand, zuschauen. Das geht natürlich auch von »Loch 19« aus. So lässt es sich aushalten!

TIPP: Noch Power? Gleich oberhalb lockt der Kletterwald Schloss Scherneck im schattigen Lindenwald vor schöner Kulisse (www.kletterwald-scherneck.de).

Adresse Auer Bergstraße, 86508 Rehling, www.soccerpark-rehling.de // **ÖPNV** Regionalbus 305, Haltestelle Rehling-Au, fünf Minuten Fußweg // **Anfahrt** A 8, Ausfahrt Augsburg-Ost, in Richtung Neuburg an der Donau/Flugplatz, ab Mühlhausen dem Wegweiser zu Schloss Scherneck folgen, die Anlage befindet sich vor Rehling // **Öffnungszeiten** April/Okt. Di–Fr 13–18 Uhr, Sa, So 10–18 Uhr, Mai–Sept. Di–Fr 13–20 Uhr, Sa, So 9–20 Uhr, in den bayerischen Schulferien/an Feiertagen ganztags geöffnet // unsere Empfehlung: ab 6 Jahre

89_DAS SOLO-TRAMPOLIN

Nur mal kurz im Quadrat springen

Hüpf dich glücklich! Trampolinparks sind der Megatrend. Man streift Stoppersocken über, flitzt los und tut genau das, was der Name nahelegt: Trampolin springen. Gibt es auch in Augsburg, sogar zweimal, und macht ja auch Spaß. Nur immer will man da nicht hin. Was tun, wenn das Kind überaus gern springt? Ein Trampolin im eigenen Garten, den man als Stadtfamilie ohnehin nicht hat? Ein Trampolin im Kinderzimmer, als Sammelbecken für getragene Kleidung?

Ein klitzekleiner Kompromiss versteckt sich im Forsterpark unweit der City-Galerie. Dort gibt es einen Spielplatz mit viel Sand, Kletterrutsche, Wipptieren und Schaukeln – den kennt man. Ein beliebter Feierabendspielplatz, mit einer dicken Wand von der Straße getrennt.

Auf der großen Wiese nebenan, mit Runterroll- und Picknickhügel, gibt es aber einen echten Lieblingsplatz für kleine Springmäuse: ein Bodentrampolin, das in die Wiese eingelassen wurde. Es ist quadratisch und so klein, dass gerade mal ein Kind draufpasst – doch es federt prima. Vermutlich ist es sogar das kleinste Trampolin der Stadt, gerade mal so groß wie ein Riesenpaket, das man manchmal von Oma und Opa bekommt. Das Material ist elastisch – logo – und erinnert an grob gewebten Stoff. Der Rand ist weich, falls man doch mal ausrutscht.

Also, nix wie hin! Springen, ein wenig Stadtluft schnuppern, und alle sind zufrieden. Vom gesparten Geld gibt's dann noch ein Eis. Manchmal sind es die kleinen Alltagsabenteuer, die Kinderherzen höherhüpfen lassen.

Adresse Forsterpark, Forsterstraße/Wagenhalsstraße (zwischen VHS und Osteria Albero Verde), 86153 Augsburg-Innenstadt // **ÖPNV** Bus 22, 35, Haltestelle City-Galerie/VHS; Bus 32, Haltestelle Margaret // **Öffnungszeiten** immer geöffnet // ab 1 Jahr

TIPP: Angehende Hüpf-Champions finden auf dem Spielplatz beim Textilmuseum (tim) ein Trampolin mit vier Feldern – gerade mal fünf Minuten zu Fuß entfernt. Schaukeldrache, Holztipi und Drehteller gibt's dort auch.

90_DAS SOZIALKAUFHAUS CONTACT

Hier gibt's nichts, was es nicht gibt

Der Fahrradhelm des Kindes zwickt, und das Bilderbuch steht doppelt im Regal. Aber alles noch prima in Schuss. Wohin damit? Ab ins Sozialkaufhaus Contact in Haunstetten. Dort wird die Kiste abgegeben – als Spende. Dann wird alles sortiert und aufbereitet, ehe es günstig verkauft wird.

Es geht an Strampelanzügen, Hörbüchern und Omas Römertopf vorbei – direkt in die Kinderabteilung. Kuscheltiere türmen sich, umsäumt von meterweise Brettspielen, Puppenkleidung, Skistiefeln, Bällen und Schulranzen. Es ist wie ein kunterbunter und vor allem riesiger Flohmarkt. Hier gibt es vermutlich nichts, was es nicht gibt. Man trifft Menschen mit schmalem Geldbeutel, aber auch Familien, die bewusst nachhaltig leben und Dingen eine zweite Chance geben, statt alles neu zu kaufen.

Bücher, darunter viele, viele für Kinder, werden kiloweise verkauft und an der Kasse gewogen. Wow! Alle Kinder und Jugendlichen bekommen sogar ein Buch ihrer Wahl geschenkt, wenn die Eltern einen beliebigen anderen Gegenstand kaufen. »Damit wollen wir Kindern das Lesen näherbringen«, sagt Roswita Kugelmann, die das Sozialkaufhaus mit einem Gründungsteam von elf weiteren Mitstreitern vor über 20 Jahren ins Leben gerufen hat. Mittlerweile wird sie von über 120 aktiven Mitarbeiter*innen und 50 Freiwilligen unterstützt, die meisten von ihnen mit Zickzack-Biografien. Hier findet jeder Gelegenheit, um tatkräftig anzupacken, aber auch Kontakte. Und beim Urban Gardening machen alle mit!

Adresse Sozialkaufhaus Contact, Im Tal 8, 86179 Augsburg-Haunstetten // ÖPNV Tram 3, Haltestelle Hofackerstraße // Öffnungszeiten Mo–Fr 10–19 Uhr, Sa 10–18 Uhr // ab 0 Jahre

TIPP: Im Sommer kann man sich prima im Naturfreibad Haunstetten abkühlen, ganz ohne Chlor. Im Winter: Die Eishalle liegt gleich ums Eck.

91_DER SPIELEPARCOURS PFERSEE

Einfach nur radeln, toben und bauen

Grün! Rot! Blau! So geht es beim Fangspiel »Fischer, welche Fahne weht heute« einmal quer durch die Farbpalette. Der Fischer nennt eine beliebige Farbe. Taucht diese in der Kleidung eines Mitspielers auf, darf der gefangen werden.

Klar, diesen Klassiker kann man mit ein paar Freunden eigentlich überall spielen. Er ist jedoch auch Teil des Spieleparcours Pfersee. Das ist ein gut fünf Kilometer langer Weg, der bei der hübschen Herz-Jesu-Kirche im Stadtteil Pfersee beginnt – mit dem »Ministranten-Fangus«. Es geht weiter über den Mühlbachpark, wo man Kettenfangen spielt, bis hin an die Wertach, wo Steintürme am Fluss gebaut werden sollen. Einige hundert Meter flussabwärts, am Pavillon beim Gollwitzer Steg an der Wertach, dürfen die Parcours-Teilnehmer ein Steinlabyrinth errichten. Durch den Sheridan-Park kommt man irgendwann am Ziel an, im Schlösslepark.

Die elf Stationen stammen von lokalen Organisationen und Einrichtungen aus Pfersee, etwa der Altkatholischen Gemeinde am Grasinger Weg, vor deren Kirche man Mandalas legen darf. Der Parcours soll anregen, selbst aktiv zu werden und die Natur mitten in der Stadt als Spielraum zu nutzen.

Wer sich wirklich Zeit für den Parcours nimmt, wird begeistert sein – denn mit wenig Mitteln kann man viel machen. Am besten gleich ein paar Freunde zusammentrommeln und unterwegs ein Picknick an der Wertach einplanen.

TIPP: Mit fluffigen Croissants oder feinem Pain au chocolat für die Rallye kann man sich beim französischen Feinbäcker La Boulangerie eindecken, nur wenige Minuten vom Start entfernt, in der Augsburger Straße 40.

Adresse Herz-Jesu-Kirche, Augsburger Straße 23 a, 86157 Augsburg-Pfersee, Download Strecke: www.us-augsburg.de // ÖPNV Tram 3, Haltestelle Augsburger Straße/Herz-Jesu // Öffnungszeiten tagsüber // ab 6 Jahre

92_DAS SPIELMOBIL

Einmal auf der Luftschlange reiten

In Mamas und Papas Kindheit war das Spielmobil noch feuerrot – aus heutiger Sicht total »retro«. Bis Anfang der 1980er Jahre brauste der feuerrote Opel Blitz für eine Kinderserie des Bayerischen Rundfunks durch München und war zugleich deren Namensgeber.

Das »feuerrote Spielmobil« gibt es in Augsburg nicht, hier ist es stattdessen blau. Dafür warten viele Kinder jede Woche mindestens ebenso sehnsüchtig auf den Augenblick, in dem ein Spielmobil des Kinderschutzbundes Augsburg in ihrem Viertel hält. Dann wird eine 18 Meter lange Luftschlange aufgepustet, auf der schon mal ein Dutzend Kinder reiten oder sich einfach hin und her wälzen – ein echter Spaß!

Das blaue Spielmobil ist fünf Tage die Woche unterwegs und steht jeden Tag auf einem anderen Spielplatz oder einer Wiese. Der weiße Spielwagen bleibt sechs Tage an einem Ort – sonst ist die Ausstattung gleich. Und die ist wirklich gigantisch: Mit an Bord von Spielmobil und -wagen sind immer viele lustige Vehikel: Pedalos, Skatebikes, Swingcarts, Kettcars oder Roller. Kinder können auch einfach eine Runde mit Diabolos jonglieren, Riesen-Vier-Gewinnt, Kugelbahn oder Kicker spielen. Oder einfach an der Malwand kreativ sein. Oder am Spieltisch auf der grünen Wiese etwas basteln.

Top: Alle Aktionen sind kostenlos und ohne Anmeldung! Ziel ist es, dass die Kinder wieder Bewegung in der freien Natur bekommen – und sich dabei richtig auspowern. Es lohnt sich, die Homepage zu checken!

Adresse verschiedene Standorte, zum Beispiel Spielplatz Amberger Wiese, Prinzstraße/Sanderstraße, 86161 Augsburg-Spickel, www.kinderschutzbund-augsburg.de/spielmobil-spielwagen, barrierefrei // **ÖPNV** Tram 6, Haltestelle Textilmuseum // **Öffnungszeiten** siehe Homepage // 6–12 Jahre

TIPP: Das Team von Spielmobil und Spielwagen ist auch im Winter da. An allen Adventswochenenden werden im Zeughaus in der »Bastelwerkstatt« kreativ coole Sachen gezaubert, ohne Eltern und kostenlos! 6 – 12 Jahre.

93_DIE STADTBÜCHEREI

Spielen und chillen im Leseparadies

Die Farbe ist ein echter Hingucker: Orange. Man findet sie in der Stadtbücherei Augsburg überall – an den Wänden, im offenen Treppenhaus oder auf der Lesetreppe im Erdgeschoss.

Dort beginnt das Paradies für die ganz Kleinen, die sich erst an die Welt der Buchstaben herantasten: An die ebenerdigen Bücherkisten kommen wirklich alle ran, in den knalligen Blütenkelchen auf dem Wiesenteppich lässt es sich prima schmökern, in der Spielküche werden gern Stoffkarotten gedünstet, der Kasperl unter dem Puppentheater-Fenster wird zum Leben erweckt, und das »Mensch ärgere Dich nicht« wurde vermutlich für Riesen konzipiert.

Schnell wird klar, dass die Zentrale der Stadtbücherei nicht nur ein Ort ist, an dem man Bücher, Brett- und Konsolenspiele, Filme oder Hörfiguren ausleihen kann. Das Leitmotiv »für alle offen« wird hier mit Leben gefüllt: Jeder darf so viel Zeit in der Bücherei verbringen, wie er möchte. Man kann andere Eltern treffen, ohne teure Getränke konsumieren zu müssen. Fast wie im Wohnzimmer, nur eben ohne Krümelkekse und Geschrei – eine tolle Idee! Jugendliche chillen übrigens im zweiten Stock auf gemütlichen Sitzsäcken, der dazugehörige Bereich heißt »relax«.

Es lohnt sich, auch die Veranstaltungen auf der Homepage zu checken: Bei den »Bücherzwergen« wird mit den Kleinsten gelesen und gebastelt. Für Kindergartenkinder gibt es regelmäßig ein »Bilderbuchkino«, ohne Eltern – und kostenlos.

Adresse Ernst-Reuter-Platz 1, 86150 Augsburg-Innenstadt, www.stadtbuecherei.augsburg.de, barrierefrei // ÖPNV Tram 1, 2, Haltestelle Rathausplatz // Öffnungszeiten Mo–Fr 10–19 Uhr, Sa 10–15 Uhr, Veranstaltungen auf der Homepage // ab 0 Jahre

TIPP: Am Stadtmarkt nebenan kann man riechen, schmecken und schauen. In der Viktualienhalle sieht es wie in Italien aus. Am besten in der »Bäckergasse« was holen, sich einen Tisch im Hof suchen und beim Gongschlag über die Marktgockel-Uhr auf der gegenüberliegenden Seite staunen.

94_DIE STADTRALLYE

Mit den Öffis auf Schnitzeljagd

Das kennt jeder Augsburger: Wenn der FCA Heimspiel hat, fährt die Tram mit zwei wehenden Mini-Flaggen durch die Stadt. Das begeistert die ganz Kleinen, aber Teenager lassen sich davon nicht ködern. Einfach eine Runde Tram fahren und aus dem Fenster gucken? Das ist irgendwann nur noch »voll peinlich«. Aber: Wie wär's mit einer Rallye quer durch die Stadt? Mit Tram und Bus, die besten Freunde mitnehmen und noch dazu ein elektronisches Gadget ausleihen? Alles kostenlos. Klingt gut! Und das kennt garantiert nicht jeder!

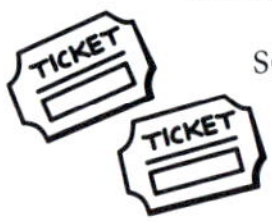

Wie das geht? Zuerst sucht man sich einen Termin aus: Vielleicht am Geburtstag? Oder eine Tour mit der Schulklasse? Wenn der Tag da ist, geht es los: Die Gruppe – fünf bis 30 Leute – holt sich Freifahrtscheine, den Liniennetzplan und ein GPS-Gerät (leihweise, klar!) bei den Stadtwerken (swa) ab. Unterwegs müssen dann Rallyefragen beantwortet werden, die man meist nur direkt vor Ort lösen kann: Wo schlafen eigentlich Tram und Bus? Ab in die Öffis, und die Geocaching-Tour beginnt. Doch mit welcher Linie kommt man dahin?

Die »Stadtrallye Bus & Tram« richtet sich an Kinder zwischen zehn und 13 Jahren. Das ist das Alter, in dem sie auf eine weiterführende Schule wechseln und vielfach auf Tram oder Bus angewiesen sind. Und dann muss man den Liniennetz- und Fahrplan lesen können, so die Idee dahinter.

Alles richtig gelöst bei der Rallye? Dann darf mit dem richtigen Code die Schatzkiste geknackt werden – und es gibt eine Schatzkiste voller Überraschungen.

TIPP: In der »City-Zone« fahren alle kostenlos mit den Öffis – je eine Haltestelle rund um Königsplatz und Moritzplatz. Damit kommt man vom Hauptbahnhof bis zum Rathausplatz, also drei Haltestellen. Im Advent die geschmückte Christkindl-Tram nicht verpassen!

Adresse Königsplatz 1 (Kundencenter swa), 86150 Augsburg-Innenstadt, www.sw-augsburg.de // ÖPNV alle Tramlinien, Haltestelle Königsplatz // Öffnungszeiten nur mit Anmeldung: matthias.hufnagel@sw-augsburg.de oder Tel. 0821/65005797 // 10–13 Jahre, eine erwachsene Begleitperson pro Gruppe wird empfohlen

95_DIE STEINFIGUREN

Zwerge gibt's doch gar nicht!

Hinter hohen Mauern wartet sie, zwischen Dom und Stadttheater: die perfekte grüne Oase, der Hofgarten. Ein gusseisernes Tor führt in eine andere Welt, mit Buchsbaumpyramiden, barockem Springbrunnen und Seerosenteich mit Fischen und Fröschen. In einer Ecke kann man sich im offenen Bücherschrank kostenlos mit Lesefutter eindecken – oder selbst etwas reinstellen.

Ein echter Lieblingsort, um mit den ganz Kleinen Sommerluft zu schnuppern. Im Frühjahr taucht die Kirschblüte den Mini-Park in Rosarot. Am besten packt man die Picknickdecke ein und verabredet sich zum Ratschen oder zur Krabbelstunde auf dem Rasen. Während die Allerkleinsten prima im Kinderwagen schlummern, staksen die etwas Größeren auf wackeligen Beinen durch den Hofgarten. Der ist nämlich nicht nur sehr kompakt, sondern auch auto-, fahrrad-, ball- und hundefrei.

Kinder lieben die »Zwerge« neben dem Teich, die auf niedrigen Sockeln stehen. Eine Steindame trägt Hut und Faltenrock, ein Herr einen Rosenkranz, alle schneiden groteske Grimassen. Es gibt viel zu gucken für die Kinder. Ganz korrekt ist das vermutlich nicht: Die Figuren sollen wohl kleinwüchsige Erwachsene sein, die sich der Adel in der Barockzeit zur Belustigung bei Hof hielt. Seit 1963 stehen sie im Hofgarten, davor waren die Groteskfiguren im Wittelsbacher Park zu sehen.

Das Beste ist, dass diese Lieblingsoase der Augsburger kostenlos ist. Man kann einfach in den gepflegten Barockgarten gehen und die Zeit mit den Kids genießen. Wow!

Adresse Fronhof 8, Ecke Alte Gasse, 86152 Augsburg-Innenstadt // ÖPNV Tram 4, Haltestelle Staatstheater // Öffnungszeiten April–Okt. täglich 8–21 Uhr, Eintritt frei // ab 0 Jahre

TIPP: Wenn Regenwolken die Pläne durchkreuzen, kann man im Naturmuseum die Straße runter Reste eines Ur-Elefanten bestaunen. Oder im Planetarium eine 3-D-Achterbahnfahrt wagen.

96_DER STEMPFLESEE

Mal kurz um den Schwanensee tanzen

Kinder wollen sich bewegen, und sie sollten es auch. Sonst hält es spätestens am Nachmittag keiner mehr zu Hause aus – weder die Großen noch die Kleinen. Also raus an die frische Luft! Am besten mit dem Radl. Ein Klassiker: der Stempflesee. Den kennt vermutlich jeder »Augschburger«. Wer kleine Kinder hat, war schon mal da, um Enten, Graugänse und Schwäne zu gucken. Oder um die großen Fische zu beobachten, die man gut erkennt: Spiegel- und Graskarpfen, Hechte, Forellen, Brassen, Schleien … Oder um über die beiden kleinen Brücken zu düsen oder den Zigeunerbach zu bestaunen, der durch ihn hindurchfließt. Der See ist so klein – gerade mal 1,4 Hektar –, dass selbst Laufanfänger eine ganze Runde, 500 Meter, schaffen dürften.

Aber: Er ist kein Natursee, sondern wurde 1924 angelegt – sehr naturnah, mit Holzpflöcken am Rand. Dafür hatte sich ein gewisser Herr Stempfle im Stadtrat starkgemacht. Anstelle einer Kiesgrube wurde gebaut und gegraben, damit das Wasser nicht versickerte. Eine »Notstandsarbeit«, die von Hand erfolgte. Der See wurde in der Nähe der Gaststätte »Zu den sieben Tischen« (Nummer 86) angelegt.

Am Ende des Zweiten Weltkriegs zerstörte eine Bombe allerdings die Lehmabdichtung, unter der sich ein Kiesbett befindet – und der See versickerte. Zwei Jahre lag er trocken. Schon seit Jahrzehnten gibt es ihn jedoch wieder – und Generationen von Augsburger Kindern sind mit ihm groß geworden. Einfach ein toller Ort!

TIPP: In der »Freizeitanlage Siebentisch« neben dem Zoo kann man eine Runde Trick-Pin spielen – eine Art Soft-Bowling mit Kugeln auf Hindernisbahnen. Mit dem Radl ist man in wenigen Minuten da.

Adresse Ilsungstraße/Siebentischwald, 86161 Augsburg-Spickel, barrierefrei // **ÖPNV** Tram 2, Sportanlage Süd P+R // **Öffnungszeiten** immer geöffnet // ab 0 Jahre

97_DER SUMMSTEIN

Wo man den Kopf in den Stein stecken darf

Am Rande der Wiese im Prinz-Karl-Viertel versteckt sich ein grauer Naturstein mit einer Einbuchtung so groß wie ein Krautkopf. Irgendwie gehört er zu jenen Erscheinungen, an denen man schon unzählige Male vorbeigelaufen ist, ohne sie richtig zu registrieren. Bis zu dem Augenblick, da jemand von einem »Summstein« erzählt. Und sofort hat man das Bild vor Augen.

Wer sich selbst und seine Sinne anders wahrnehmen will, kann das hier probieren. Die Tafel nebenan erklärt, wie es funktioniert. Das ist gut, denn sonst käme – von den Erwachsenen zumindest – vermutlich niemand auf die Idee, mal kurz einen Stein anzusummen. Es geht los: »Oooommm.« Im ganzen Oberkörper hallt, dröhnt und vibriert es. Noch einmal, in höherer Tonlage. Der Ton löst eine Resonanz aus, der ganze Körper wird in Schwingungen versetzt. So spannend kann es sein, mal in sich reinzuhören! Doch ist das jetzt eigentlich eine Skulptur oder ein Spielgerät? Beides. Die Kinder finden es witzig.

Genug gesummt, es geht zum Wippen, Schaukeln oder Rutschen auf den tollen großen Spielplatz nebenan. Oder zum Ballspielen auf die Wiese, da kann man das lange »Ooooo« beim Wort »Tooor« auch ganz gut trainieren.

Der großzügige Spielplatz steht übrigens an Stelle der alten Prinz-Karl-Kaserne, die für die Bayerische Armee gebaut und später von den amerikanischen Streitkräften und der Bundeswehr genutzt wurde. Jetzt wohnen dort viele Familien – und sind schon ein wenig zu beneiden mit dem riesigen Platz direkt vor der Haustür.

TIPP: In der Bäckerei & Konditorei Wolf gleich ums Eck, in der Schertlinstraße, kann man prima in eine kleine Spielhöhle mit Riesen-Plastikbausteinen eintauchen. Langschläfer-Frühstück mit Kindercappuccino, Bio-Omelette oder Marmeladensemmeln gibt's jeden Tag bis 15 Uhr!

Adresse Max-Gutmann-Straße (Prinz-Karl-Wiese), 86159 Augsburg-Hochfeld // ÖPNV Bus 35, Haltestelle Prinz-Karl-Viertel // Öffnungszeiten immer geöffnet // ab 4 Jahre

98_SWALLY

Der charmanteste Roboter der Stadt

Swally ist klein, blau und hat große Kulleraugen. Ganz langsam dreht er seine Runden auf dem Königsplatz – und schaut so putzig, dass man ihm wohl kaum einen Wunsch abschlagen könnte. Er ist ein kleiner Roboter auf zwei Laufrollen. Und kommt bei Kindern echt prima an! Ein kleiner Junge bleibt stehen und zupft seine Mutter aufgeregt am Ärmel. Er kann den Blick gar nicht von dem Roboter wenden, läuft von allen Seiten um ihn herum. Swally bleibt stehen und lässt sich geduldig begutachten.

Swally ist noch ziemlich jung, kaum älter als der kleine Junge. Daher darf er auch nicht alleine auf dem Königsplatz unterwegs sein. Er hat Aufpasser, Mitarbeiter der Stadtwerke (swa), die ihn steuern. Von dieser Abkürzung kommt der Name, der eigentlich so geschrieben wird: »swa*lly«. Er machte aus über 2.300 Namensvorschlägen das Rennen!

Swally ist aber nicht nur zum Spaß da, sondern hat eine wichtige Aufgabe: Ursprünglich sollte er den Menschen am neu gestalteten Königsplatz ganz charmant beibringen, dass man dort nicht rauchen darf: »Der Kö ist Nichtraucher.« war Swallys Mission, später auch der Hinweis auf die »Maskenpflicht am Kö«.

Entwickelt wurde Swally 2016 in der Tüftler-Werkstatt OpenLab, verschwand allerdings länger von der Bildfläche, weil es Probleme mit der Steuerung und dem Fahrwerk gab. Nun ist der Rollroboter wieder da, mit RC-Fernsteuerung ausgestattet, wie man sie von Modellautos kennt. Man muss allerdings den richtigen Tag abpassen, um ihm »Hallo« sagen zu können.

Adresse Königsplatz, 86150 Augsburg-Innenstadt, www.sw-augsburg.de, barrierefrei // ÖPNV alle Tramlinien, Haltestelle Königsplatz // Öffnungszeiten jeden Siebten des Monats, Sondereinsätze auf der Homepage // ab 1 Jahr

TIPP: In der inklusiven Rösterei Cabresso in der Hermanstraße 8 verstecken sich tolle Spielkisten in der Sitztreppe aus Holz. Der selbst gebackene Kuchen ist superlecker, und die Mitarbeiter sind sehr kinderfreundlich!

99_DER TALKING TREE

Lass uns mal mit dem Baum quatschen

Spannend ist das ja schon: Da taucht plötzlich mitten im Wald ein Baum auf, der wie ein Raumschiff wirkt. Mit Solarpaneelen und Kabeln versehen, ganz in der Nähe des Eiskanals im Stadtteil Spickel. Er ist kein Ufo-Baum, sondern ein Talking Tree! Ein sprechender Baum 4.0.

»Echt jetzt?« Klar kann der Baum sprechen. Aber ohne Worte. Die etwa 30 Meter hohe Rotbuche kommuniziert, nun ja, wie eine Art Fitnesstracker. Sensoren messen aber nicht Puls und Schlafqualität des über 80-jährigen Baums, sondern Saftfluss, Blatttemperatur oder Bodenfeuchte. Biologen und Förster können daraus Schlüsse auf Wachstum und Befindlichkeit ziehen. Ist der Baum durstig? Ist es ihm zu trocken? Oder zu heiß?

Alle Daten werden per Mobilfunk ins Internet übertragen. Dort kann man die »Baumsprache« lesen. Das mag für Kinder ein wenig kompliziert sein, aber mit Hilfe der Eltern klappt es – zumindest grob. Verkabelt ist der Baum übrigens nur im Sommerhalbjahr, nach Blattaustrieb.

Der Augsburger Talking Tree ist einer von vier Bäumen in Bayern, die vernetzt sind. Die anderen wachsen in München, Berchtesgaden und Eichstätt, um verschiedene Klimabereiche in Bayern abzudecken. Ziel ist es, mehr über die Folgen des Klimawandels herauszufinden, um richtig reagieren zu können. Konkret bedeutet das, dass vielleicht andere Baumsorten gepflanzt werden – und sich der Wald in wenigen Jahrzehnten deutlich verändert. Auch davon erzählt uns dieser Baum!

Adresse Spickelstraße/Am Eiskanal, 86161 Augsburg-Spickel, www.augsburg.de/augsburg-atmet/talking-tree // **ÖPNV** Tram 6, Haltestelle Eiskanal, 13 Minuten Fußweg // **Anfahrt** 100 Meter südlich des Bundesleistungszentrums für Kanuslalom und Wildwasser, dort Abzweigung Fußweg, nicht den Radweg nehmen; genauer Standort siehe Homepage // ab 0 Jahre

TIPP: Das Historische Wasserwerk in Vanilleeisgelb sieht aus wie ein Schlösschen und ist gleich ums Eck. Beim Tag der offenen Tür, jeden 1. Sonntag im Monat (März–Nov.), lohnt sich ein Blick auf die riesigen Wasserräder im Inneren.

100_ DER TASTRAUM

Fühlen, was Augsburg wirklich ausmacht

Wie ist es eigentlich, gar nichts zu sehen? Wenn man sich die Welt mit den Fingern ertastet? Für Sehbehinderte und Blinde sind Museumsbesuche oft nicht befriedigend. Dieser hier schon: Im Erdgeschoss des Rathauses, Unterer Fletz genannt, gibt es einen »Tastraum«, in dem 25 Bronzemodelle die 2.000 Jahre alte Geschichte der Stadt erzählen und ausdrücklich angefasst werden wollen.

Das ist auch für Kinder spannend, um sie für andere Lebenswirklichkeiten zu sensibilisieren. Sie können dort erfahren, wie blinde Menschen die Dinge wahrnehmen. Und natürlich können sie die Stadtgeschichte auf spielerische Art erleben, ganz kompakt und ohne stundenlange Erklärungen.

Vieles ist selbsterklärend: Ein römischer Pferdekopf erinnert an die Anfänge Augsburgs. Man trifft auf die Büste von Jakob Fugger, der als Händler und Bankier das größte Vermögen aller Zeiten aufbaute. Es gibt aber auch einen Dieselmotor, der in Augsburg erfunden wurde, oder den ersten serienmäßigen Düsenjäger der Welt, die Me 262. Der Raum kann ebenerdig erreicht werden. Die Gegenstände sind nebeneinander auf einem Regal angeordnet, das der Orientierung dient. Zudem gibt es Hinweistafeln in Braille- und Normalschrift.

Übrigens war das Rathaus zur Zeit seiner Erbauung das erste sechsstöckige Gebäude der Welt. Der prunkvolle Bau wurde allerdings im Zweiten Weltkrieg stark beschädigt und ist weitgehend eine Kopie. Und wer noch nicht drin war: Der Goldene Saal beeindruckt mit seinem Pomp auch die Kleinen!

TIPP: Das geht immer: hauchdünne Crêpes mit Schokocreme und Banane! Sehr leckere gibt's bei »Razz-Fazz« unter den Arkaden am Moritzplatz. Mama und Papa sollten die leckeren Falafel-Wraps mit frischem Koriander probieren!

Adresse Rathausplatz 2, 86150 Augsburg-Innenstadt, www.augsburg.de, barrierefrei // **ÖPNV** Tram 1, 2, Haltestelle Rathausplatz // **Öffnungszeiten** tagsüber, Eintritt frei // ab 0 Jahre

101_DER TAUBENTURM

Auf den Spuren der grauen Vögel

Tauben gehören zum Stadtbild. Während die Allerkleinsten ihnen noch fasziniert hinterherlaufen, sind die Großen oftmals nur genervt – vom Gurren, von den Spuren, von allem. Warum eigentlich?

Will man Kindern erklären, warum Tauben bei vielen Menschen unbeliebt sind, sollte man an den Fabrikkanal im Stadtteil Göggingen gehen. Dort thront ein neun Meter hoher Taubenturm. Steht man direkt darunter, hört man ein monotones »Ruh-ruh«, doch draußen ist kaum eine Taube zu sehen.

Im Turm werden die Vögel nicht gezüchtet, sondern sie nisten und leben dort. Da Tauben einem Ort sehr treu sind, halten sie sich die meiste Zeit über dort auf und bekommen in dem begehbaren Turm artgerechtes Futter. Dadurch müssen die »Ratten der Lüfte« nicht in der Innenstadt nach Abfällen suchen. Ein Turm bedeutet auch, dass sie anderswo weniger Spuren hinterlassen und nicht überall herumpicken. Indem man ihnen Plastikeier unterschiebt, kommen weniger Tauben auf die Welt. Das klappt seit Jahren so gut, dass das »Augsburger Modell« von anderen Städten übernommen wurde.

Bis man die Tiere jedoch zum Umzug in den Turm bewegen konnte, dauerte es. Dazu wurde die Futterstelle schrittweise dorthin verlagert, erst unter die Brücke, dann immer näher – bis sie schließlich in den Turm gelockt wurden. Um die Tiere kümmern sich freiwillige Tierschützer. Vielleicht wird man ja selbst ein wenig gelassener nach einem Besuch des Taubenturms – wenn man die nickenden Vögel das nächste Mal in der Stadt sieht.

TIPP: Lust auf eine Runde Boccia, Streetball oder Ententeich? Der Gögginger Park ist eine schöne Grünfläche, wenige Minuten südlich vom Taubenturm.

Adresse Pfarrer-Bogner-Straße 22, Ecke Apprichstraße, 86199 Augsburg-Göggingen // ÖPNV Tram 1, Haltestelle Göggingen Rathaus, 15 Minuten Fußweg // Öffnungszeiten immer geöffnet // ab 0 Jahre

102_DER TEICH IM SUPPLYPARK

Alle meine Entchen schwimmen auf dem See

Enten gucken? Geht immer! Vor allem die Allerkleinsten beobachten fasziniert, wie die Wasservögel ihre Runden ziehen. In Augsburg geht das ziemlich oft, denn es gibt viele Bäche, Kanäle und Gräben. Man kann aber auch einen Mini-Ausflug machen: Mit spazieren gehen, eine schöne Bank suchen und sich so richtig Zeit nehmen. Und wenn man Glück hat, watscheln gerade ein paar Küken hinter ihrer Entenmama her! Oder ein paar Wasserschildkröten, die man auf einem Stein erspähen kann.

Das alles geht im Supplypark im Stadtteil Centerville. Dort gibt es einen kleinen See mit großen Schildern, die darauf hinweisen, dass das Entenfüttern verboten ist. Im Hintergrund erhebt sich ein italienisches Restaurant mit verspielter Säulenarchitektur, das dem See ein mediterranes Flair verleiht – und sich prima als Hintergrundkulisse für Fotos macht.

Aber: Wer nicht in der Nähe wohnt, kennt den Park vermutlich gar nicht. Dazu ist er zu klein und neu, erst vor wenigen Jahren am Reißbrett entstanden. Früher, bis Mitte der 1990er Jahre, lebten hier US-Streitkräfte mit ihren Familien. Zum Beheizen der vielen Wohnungen diente zunächst Kohle, die in der Kaserne, dem späteren »Supply-Center«, genutzt wurde. Später Heizöl und Fernwärme. Die Zufahrt erfolgt über die Pearl-S.-Buck-Straße, und die Sullivan Heights sind auch in der Nachbarschaft. Als die Amerikaner abzogen, entstand eine Volksschule und drum herum ein komplett neues Wohnviertel – eine Erinnerung an Little America.

Adresse Pearl-S.-Buck-Straße 14, 86156 Augsburg-Kriegshaber // **ÖPNV** Bus 32, Haltestelle Reinöhlstraße // **Öffnungszeiten** immer geöffnet // ab 0 Jahre

TIPP: Bis zum Spielplatz Flandernstraße sind es nur wenige Schritte. Dort kann man sich an einer kleinen Kletterwand probieren oder auf einem kleinen Betonhügel mit dem Radl herumflitzen. Basketball nicht vergessen!

103_DIE TRINKBRUNNEN-TOUR

»O'zapft is!« – selbst zapfen macht Spaß

Es blubbert, zischt, und eiskaltes Wasser rinnt in die Trinkflasche. Bei Sommerhitze löscht es nicht nur den Durst, sondern erfrischt wunderbar. Selbst zapfen? Das kommt bei Kindern immer gut an! Und plötzlich schmeckt auch stilles Wasser, wetten?

In Augsburg kann man sich von April bis Oktober an über 20 öffentlichen Brunnen kostenlos erfrischen – und dadurch dazu beitragen, Plastikmüll zu vermeiden: Einfach auf das »Trinkwasser«-Schild am Brunnen achten! Schon vor über 500 Jahren gab es Brunnen, die der Bevölkerung für frisches Wasser zur Verfügung standen.

Wie wäre es mit einer Runde durch die City? Am besten lädt man sich eine kostenlose App herunter, die alle Trinkwasserbrunnen auflistet (www.trinkwasser-unterwegs.de). Am Rathausplatz geht es los: Ganz in der Nähe speit im Bürgerhof (Maximilianstraße 4, Mo–Fr) eine Bronzefratze Wasser.

Ab ins Lechviertel, zum gepflasterten Holbeinplatz: Blubb! Nächster Halt: Am Ende der Schwibbogengasse bei St. Margareth sprudelt Frischwasser aus dem Brunnenrohr (Foto). Weiter geht's: Neben dem Rotes-Tor-Wasserturm fällt der Venezianische Muschelbrunnen auf, der ursprünglich aus 350 Einzelteilen bestand (ein baugleiches Pendant steht an der Schwedenstiege). Die Eserwallstraße führt rechts hinauf zum Theodor-Heuss-Platz, wo es beim Spielplatz einen gusseisernen Brunnen gibt: »Hat noch jemand Durst?« Schweigen. Erst mal ein paar Sandkuchen backen – ganz ohne Wasser!

TIPP: Kostenloses Leitungswasser bekommt man auch in Geschäften, die einen »Refill«-Aufkleber an der Tür haben. www.refill-deutschland.de (auch als App).

Adresse Rathausplatz (Tour-Start), 86150 Augsburg-Innenstadt // **ÖPNV** Tram 1, 2, Haltestelle Rathausplatz // **Öffnungszeiten** April–Okt., immer geöffnet // ab 0 Jahre

104_DAS WASSERRAD

Kann sich Wasser in der Luft drehen?

Man muss schon den richtigen Tag erwischen. Einen Sonntag oder Museumstag. Nur dann dreht sich das Wasserrad am Schwallech, einem von 29 Lechkanälen in Augsburg. Das Wasser rauscht dann durch 40 Schaufeln, die das raumhohe Eichenholzrad im alten Handwerkerviertel antreiben. Kinder finden das spannend, ebenso wie den Schwallech selbst, der hier oberirdisch fließt. Klar, da bewegt sich was. Schaut man an anderen Tagen, stellt man fest, dass das Wasserrad nur in der Luft hängt und eigentlich gar keine Funktion hat. Nanu?

Es ist kein echtes, sondern nur ein Schau-Rad. Und steht symbolisch für 163 weitere Mühlräder, die es in Augsburg mal gab. Damit trieben Gold- und Silberschmiede, Weber und andere Handwerker ihre Manufakturen an – 78 Werke insgesamt!

Im Zweiten Weltkrieg wurde das Rad zerstört. Es sollte lange dauern, ehe ein neues kam: Ein Augsburger Unternehmer sammelte Spenden, und 1986 wurde das Rad vom damaligen Bundeskanzler Helmut Kohl eingeweiht. Doch oje! Immer wieder wurde das Rad restauriert, aber irgendwann war es so morsch, dass es nach zig Versuchen nicht mehr restauriert werden konnte. Nachdem sich Augsburg um den UNESCO-Welterbetitel beworben hatte, kamen viele Spenden zusammen – und nun dreht sich seit 2015 ein neues Rad.

Gut, das hängt die meiste Zeit nur in der Luft – aber immerhin! Das »echte« Rad erzeugte übrigens eine Leistung von 75 Kilowattstunden. Das reichte, um 24 Häuser mit Energie zu versorgen.

Adresse gegenüber Schwibbogengasse 5, 86150 Augsburg-Innenstadt // ÖPNV Bus 32, Haltestelle Margaret // Öffnungszeiten immer geöffnet // ab 0 Jahre

TIPP: Einfach mal dem Schwallech folgen: Stadteinwärts ab Sankt Ursula teilt er sich in Mittleren und Hinteren Lech, beide Lechkanäle fließen parallel, treffen den Vorderen Lech und werden nach dem Brechthaus zum Stadtbach. Fast wie eine Schnitzeljagd!

105_DER WELDENBAHN-RADWEG

Ein paar Meter alte Bahntrasse schnuppern

Auf einer alten Bahntrasse radeln? Es gibt Dinge, die man gern mal ausprobieren würde, aber die immer an irgendwas scheitern. Und sei es »nur« an der Entfernung, die einfach zu weit ist fürs Augsburger Kind: Fast 50 Kilometer hin und zurück, so lang ist der Weldenbahn-Radweg, der von Augsburg über Welden nach Altenmünster verläuft. Die Weldenbahn wurde in den 1980er Jahren eingestellt, die Gleise demontiert und die Trasse asphaltiert. Radfahrer, Spaziergänger und Inlineskater schwärmen davon.

Aber: Man kann ja schon mal einen kurzen Abschnitt ausprobieren, für später, wenn die Kleinen größer sind. Der ist hin und zurück nur drei Kilometer lang. Hin kommt man mit dem Regionalbus, Klapproller oder Laufrad dürfen mit. Start des Mini-Abschnitts ist in Neusäß, am Seniorenzentrum: Eine Inlineskater-Skulptur in Metall-Windeln von Wilhelm Spitzer weist den Weg, und schon geht es an sattem Grün vorbei. Auf drei überdachten Holzbrücken holpert der Roller ordentlich, in einem Inlineskater-Forum wird sogar davor gewarnt. Es ist gut was los, Radfahrer, Spaziergänger, ein Longboard – alle sind bei schönem Wetter emsig unterwegs.

Nach gut 20 Minuten ist man da, beim Etappenziel: Am Bienenpark (Nummer 15) vorbei geht es zum tollen Wasserspielplatz Neusäß gegenüber. Eine Runde strampeln an den Fitnessgeräten für die Großen, einmal Wasserkurbel drehen für die Kleinen – dann geht es wieder zurück. Und spätestens jetzt kann man mitreden, wie die alte Bahntrasse denn so ist.

TIPP: Wer die ganze Trasse, die offiziell »Landrat-Dr.-Frey-Radweg« heißt, ausprobieren will, kann schon am Hauptbahnhof Augsburg starten.

Adresse Franzensbader Straße/ Georg-Odemer-Straße beim Pflegeheim, 86356 Neusäß // ÖPNV Regionalbus 501, Haltestelle Seniorenzentrum (Neusäß) // Öffnungszeiten immer geöffnet // ab 0 Jahre

106_DER WERKRAUM

Ein Paradies für angehende Handwerker

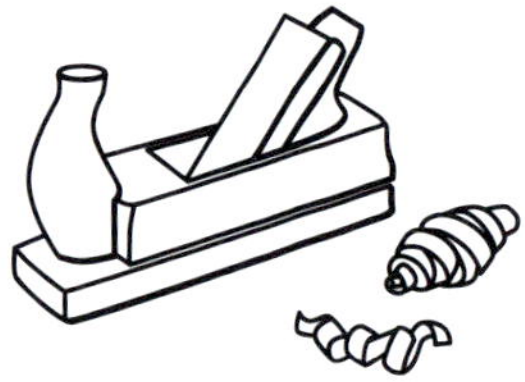

Ein Klinkerbau mit hohen Decken und Säulen im Martini-Park, mitten im Textilviertel. Im Erdgeschoss wird gehämmert, gebohrt und geklopft. Es riecht nach Holz und Metall. Der Werkraum ist eine offene Werkstatt für alle, mit vielen Werkzeugen, Maschinen und Tipps von Experten. Stundenweise oder im Monatsabo, ganz nach Belieben.

In der Kinderwerkstatt werden auch die Kleinsten zu »richtigen« Handwerkern: Es gibt riesige Tische, aber auch Kisten mit Wolle, Papier, Stoff oder Glitzerperlen. Und eine Kinder-Hobelbank, genau auf der richtigen Höhe. Was mit Holz machen? Ein Stück Massivholz, der Rest einer Holzplatte, und schon liegt alles parat für ein tolles Schwert.

Gerade kommt ein Vater mit seinen beiden Töchtern: »Habt ihr was mit Wolle?« Kisten werden gesichtet, das nächste Projekt geplant. Input gibt es von Bianka Groenewolt, die den Werkraum gegründet hat. Sie gibt Tipps und regt zu Projekten an: »Mach mal!« Jeder kann hier seine Ideen umsetzen, für alles gibt es die passende Werkstatt und das nötige Werkzeug. Ob man sich nun ein Kleid nähen, ein Messer schmieden oder ein Puppenhaus bauen will.

Nachwuchs-Handwerker können in der Kinderwerkstatt Geburtstag feiern. Und dabei Badebomben herstellen, mit Öl, Zucker und dem jeweiligen Lieblingsduft. Oder einen Kickertisch: Die Holzwäscheklammern sind Torhüter, Stürmer und Verteidiger, da kommt kein Ball durch. Zwei Stunden braucht man dafür – und jeder Geburtstagsgast geht mit einer tollen Erinnerung glücklich nach Hause.

TIPP: Im Martini-Park erfährt man in der Feuerwehrerlebniswelt alles über Brände und Löschen. Mit Feuerwalze, verrauchtem Raum und Bobbycar-Parcours!

Adresse Provinostraße 52 (Martini-Park), 86153 Augsburg-Textilviertel, www.werkraum-augsburg.de // **ÖPNV** Tram 6, Haltestelle Textilmuseum // **Öffnungszeiten** Mi – Sa, siehe Homepage // ab 6 Jahre

107_DER WERTACHDAMM

Wo Riesen Mikado spielen

»Wir gehen heute spazieren!« Es gibt Sätze, die klingen für Kinderohren ungefähr so spannend wie Grünkohl. Dabei ist es am Wertachdamm – auch Wertachpark genannt – in Pfersee wirklich toll. Ganz nah am Wasser, mit Sitzsteinen und vielen Lieblingsplätzen. Manchmal muss man Kindern den Sonntagsspaziergang aber als Event verkaufen: »Lust auf Riesen-Mikado, einen Ellenbogen-Baum, am Felsenstrand zum Wasser runterklettern und Limo schlürfen?« Check!

Der erste Eindruck: Kreuz und quer liegen sie da! Die Baumstämme bei der Localbahnbrücke am Wertachdamm. Hat gerade Gulliver eine Partie Holzstäbchen geworfen? Was wie ein Kletterplatz aussieht, ist sogenanntes Totholz, das als Lebensraum für Insekten aufgetürmt wurde. Wenige Schritte entfernt streckt ein Baum seine Äste rechtwinklig nach oben: Sind das Arme mit Ellenbogen?

Der Damm ist Teil des Renaturierungsprojekts »Wertach vital«, für das Kleingärten verlegt und alte Befestigungen abgetragen wurden. Der Fluss sollte mehr Raum bekommen, um Hochwasser zu vermeiden – aber auch, um mehr Freizeitwert zu schaffen.

Den Damm runter, dann kommt man zum »Felsstrand«, unterhalb des beliebten Biergarten-Kiosks Kulperhütte. Das steile Ufer hat dort Steinrampen und Felsen bekommen, die bis zum Wasser reichen. Kinder klettern gern herum – aber schön aufpassen! Im Winter kann man sich in der Kulperhütte nach dem Spaziergang die Finger wärmen. Sorry, nach dem »Nature Event« natürlich. Klingt irgendwie cooler!

Adresse Wertachpark/Wertachdamm, zwischen Localbahnbrücke und Kulperhütte, 86199 Augsburg-Göggingen, Zugang über Pfarrer-Bogner-Straße (aus Göggingen) oder über Gabelsberger Straße/Stadionstraße (TVA) oder Luitpoldstraße/Ende Am Wertachdamm (aus Pfersee), Wege barrierefrei // **Öffnungszeiten** immer geöffnet // ab 0 Jahre

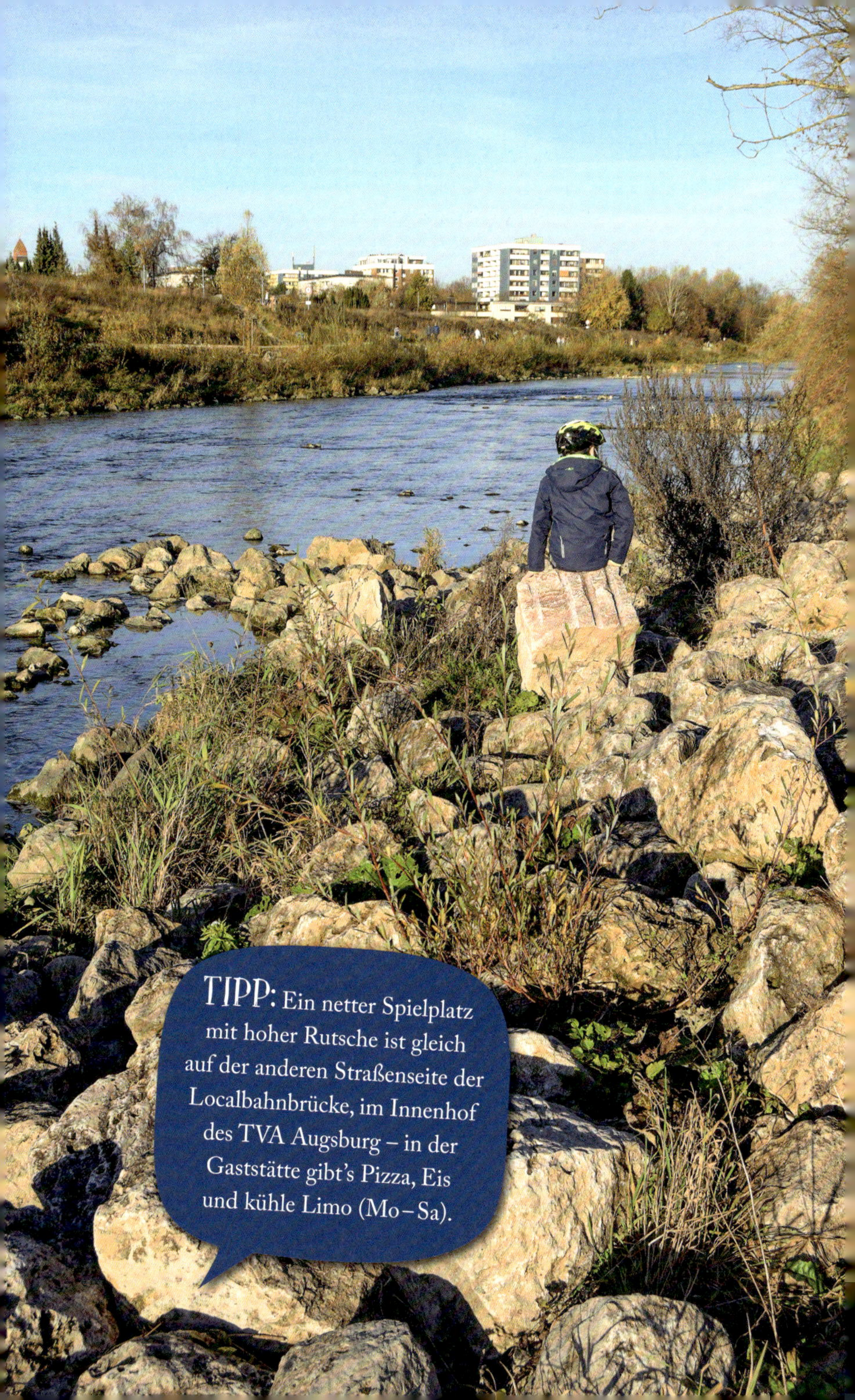

TIPP: Ein netter Spielplatz mit hoher Rutsche ist gleich auf der anderen Straßenseite der Localbahnbrücke, im Innenhof des TVA Augsburg – in der Gaststätte gibt's Pizza, Eis und kühle Limo (Mo–Sa).

108_DIE WILDPFERDE

Alles Glück der Erde ist auf der Heide

Die Gräser auf der Hasenheide sind weiß, und es ist klirrend kalt. An Frost sind die Wildpferde jedoch gewöhnt, die hier leben, an der südlichen Stadtgrenze von Augsburg. Sie stammen ursprünglich aus den zentralasiatischen Steppen, wo es im Winter schon mal minus 40 Grad Celsius kalt werden kann. Auf der Koppel grasen fünf Hengste – eine sogenannte Junggesellengruppe. Ihr Merkmal: eine struppige Stehmähne, die fast ein wenig an einen Irokesenschnitt erinnert.

Die Przewalski-Pferde spielen eine wichtige Rolle bei der Landschaftspflege und sorgen dafür, dass Heide und Kiefernwald nicht zuwachsen. Man kann sie auf drei weitläufigen Gehegeabschnitten antreffen. Im Winter übernehmen sie die Hasenheide, wo im Sommer Schafe im Auftrag des Naturschutzes grasen. Dort kann man die Wildpferde prima beobachten, weil es keine hohen Sträucher gibt. Im Sommer trifft man sie hingegen oft bei der Wasserstelle im nördlichen Gehege an, wo es ruhiger zugeht. Das mögen die Tiere, die schließlich echte Wildpferde sind. Aus der freien Wildbahn sind sie vor einem halben Jahrhundert nahezu verschwunden, inzwischen werden sie wieder angesiedelt – mit Erfolg.

Wer eine Karotte mitbringen will, sollte das lieber lassen – denn Füttern ist verboten! Kleinkinder sollte man in der Babytrage oder Kraxe mitnehmen, mit dem Kinderwagen kommt man hier nicht weit.

Adresse Wasserhausweg, Kreuzung Egerländer Straße/Lechstraße (Wanderparkplatz), 86179 Augsburg-Haunstetten // **Anfahrt** B 17, Ausfahrt Königsbrunn-Nord, der Augsburger Straße und Lechstraße folgen// **ÖPNV** Regionalbus 740 (ab 2022: Tram 3), Haltestelle Königsbrunn-Zentrum, von dort 15 Minuten Fußweg // **Öffnungszeiten** immer geöffnet, Eintritt frei // ab 0 Jahre

TIPP: Auf dem Waldspielplatz neben dem Parkplatz kann man sich auf Schaukeln, Kletterturm und Bolzplatz so richtig auspowern!

109_DAS WINKEKATZEN-ORCHESTER

Kurz mal Plastikmiezen grüßen

»Mama, brauchst du keinen Koriander?« Gedanke Nummer eins: Wie nett, dass sich die Kinder um die Asia-Vorräte in der Küche sorgen! Gedanke Nummer zwei: Hmm?! Da weht doch in Wirklichkeit ein ganz anderer Wind! Es geht nicht um frische Kräuter – sondern um Winkekatzen und Eis!

Jeder, der schon mal mit dem Kind zwischen Kasperlampel und Augsburger Puppenkiste durch die Spitalgasse spaziert ist, wird nun laut ausrufen: »Das ist Noodaeng's Asia Shop im Ulrichsviertel, in dem ein ganzes Winkekatzen-Orchester im Schaufenster spielt!« Da heben so viele silberne, goldene und weiße Plastikkatzen die Pfoten, dass es fast einen Dirigenten braucht. Das übernehmen die kleinen Spaziergänger ganz begeistert!

Betritt man den kleinen Laden, wird man von der Thailänderin Noodaeng Ruf freundlich begrüßt. Das Kind lernt, dass man Bananen kochen kann (manche jedenfalls), dass Grüntee-Törtchen süß sind (genauer gesagt sehr süß) und dass Asia-Stieleis im Sommer der Hit ist (mindestens megalecker) – sogar mit schwarzen, ganzen Bohnen, aber auch mit Kokosstückchen, Jackfruchtecken oder Grünteegeschmack. Hmm!

Legendär sind die selbst gemachten Frühlingsrollen zum Wochenende – mit Karotten, Sprossen und Glasnudeln. Sie sind so perfekt in Reispapier gerollt, dass sie selbst in Kinderhänden nicht zerfallen. Zum Abschied winken sowohl die Inhaberin als auch die Miezekatzen. So macht Einkaufen allen Spaß!

TIPP: Hinter der Häuserzeile gegenüber versteckt sich der Wollmarkt, ein ehemaliger Klosterhof mit zauberhaften Arkaden, wo man ganz ausgezeichnet in Ruhe ein Eis schlecken kann.

Adresse Spitalgasse 12, 86150 Augsburg-Innenstadt, Facebook: @NoodaengsAsiaShop // **ÖPNV** Tram 2, Haltestelle Rotes Tor // **Öffnungszeiten** Mo–Fr 10–18 Uhr, Sa 9–14 Uhr // ab 0 Jahre

110_DIE WOLFZAHNAU

Amazonas-Feeling mitten in der Stadt

Was für ein abenteuerlicher Ort! Grünes Dschungel-Wirrwarr, fast mitten in der Stadt! Die Wolfzahnau ist ein Mini-Urwald, der sich genau dort erstreckt, wo Wertach und Lech zusammenfließen – nachdem sie sich in der Stadt in unzählige Seitenarme und Kanäle gesplittet haben: auf einer Landzunge in Oberhausen, die so spitz zuläuft, dass sie an einen Wolfszahn erinnert. Anders lässt sich der Name kaum erklären, denn Wölfe gibt es dort keine.

Dafür kommt man auf dem Weg durch den Auwald an sympathischen Schottischen Hochlandrindern vorbei, die – auch bei Matsch und Schnee – genügsam ihr Futter kauen. Sie grasen im Dienste der Landschaftspflege auf einer umzäunten Weide. Der etwa einen Kilometer lange Spazierweg verläuft parallel zum Auslaufkanal, der ein hübsches altes Wasserkraftwerk antreibt. Es wirkt fast wie ein Schlösschen, kann aber nur von außen bewundert werden. Kanal und Kraftwerk gehören zum UNESCO-Weltkulturerbe des Augsburger Wassersystems.

Über eine bunte Blumenwiese, unter Bäumen und über Trampelpfade geht es dann zur äußersten Spitze des »Zahns« hinunter. Direkt am Wasser kann man die Picknickdecke auf Gras oder Kies ausbreiten und chillen. Sonnenhüte nicht vergessen, denn an diesem Eck gibt es keinen Schatten!

Zur Wolfzahnau kommt man am besten mit dem Fahrrad. Mit Parkplätzen wird es dort knapp. Dass man auf dem richtigen Weg ist, erkennt man an einem alten Güterzug im Gelände.

Adresse Wolfzahnau 1, 86153 Augsburg-Oberhausen // ÖPNV Bus 35, 44, Haltestelle Haindl, von dort gut 3 Kilometer Fußweg bis zur Landspitze // Parken: Zufahrt über Franz-Josef-Straße bis Rampe // Öffnungszeiten immer geöffnet // ab 0 Jahre

TIPP: Südlich der Wolfzahnau, stadteinwärts im Industriegebiet, kommt man zum MAN-Werk. Im dortigen Museum kann man ein fast 100 Jahre altes Feuerwehrauto und einen Prototyp des ersten Dieselmotors entdecken.

111_DIE ZIRBELNUSS-KANALDECKEL

Findet garantiert nicht jeder

Pauz! Pardauz! Da stolpert der Hanns Guck-in-die-Luft erst über den Hund und dann übers Ufer. Und das alles passiert dem Jungen nur, weil »dessen Blick stets am Himmel hing«. Bei Wilhelm Busch endet so etwas bekanntlich selten gut. Und im echten Leben? Ja, probieren wir es mit dem Gegenteil: »Alle mal den Kopf senken!« Mit Blick aufs Pflaster geht es durch die Einkaufsmeile Annastraße. Nur so entdeckt man ein kleines Detail: die Zirbelnuss, auch Pyr genannt. Das Stadtwappen Augsburgs ziert nämlich viele Gullydeckel in der Innenstadt.

Kinder lieben Herausforderungen! Wieso nicht eine kleine Rallye, etwa, wer die meisten Gullydeckel mit Zirbelnuss-Motiv entdeckt? Die Annastraße gehört den Fußgängern und eignet sich hervorragend. Eine Belohnung gibt es auch, so motiviert man Stubenhocker, an die frische Luft zu gehen. Also: Für fünf gefundene Deckel gibt es eine Kugel Eis, für zehn entsprechend zwei Kugeln. Klingt fair. Und prompt hat man plötzlich Nachwuchsforscher um sich, die sich für Stadtgeschichte interessieren. Wie viele Zirbelnuss-Gullydeckel es in der Annastraße gibt, haben die Behörden leider nicht dokumentiert. Tipp: genau zwei Kugeln Eis!

Wer die Annastraße schon kennt, kann die Rallye auf andere Straßen der Innenstadt ausweiten. Oder sich auf die Suche nach Zirbelnüssen im Allgemeinen machen. Auf dem Rathausgiebel gibt's die größte, aus Bronze, 3,5 Meter hoch und 500 Kilo schwer. Übrigens: Die Zirbelnuss ist eine Unterart der geschuppten Pinienzapfen.

TIPP: Das »Eis Santin« am Ende der Annastraße ist ein Klassiker. Alternative im Winter: Bio-Bäcker »Cumpanum« vis-à-vis hat superleckere Rosinensemmeln!

Adresse Annastraße, 86150 Augsburg-Innenstadt // **ÖPNV** Tram alle Linien, Haltestelle Königsplatz // **Öffnungszeiten** immer geöffnet // ab 5 Jahre

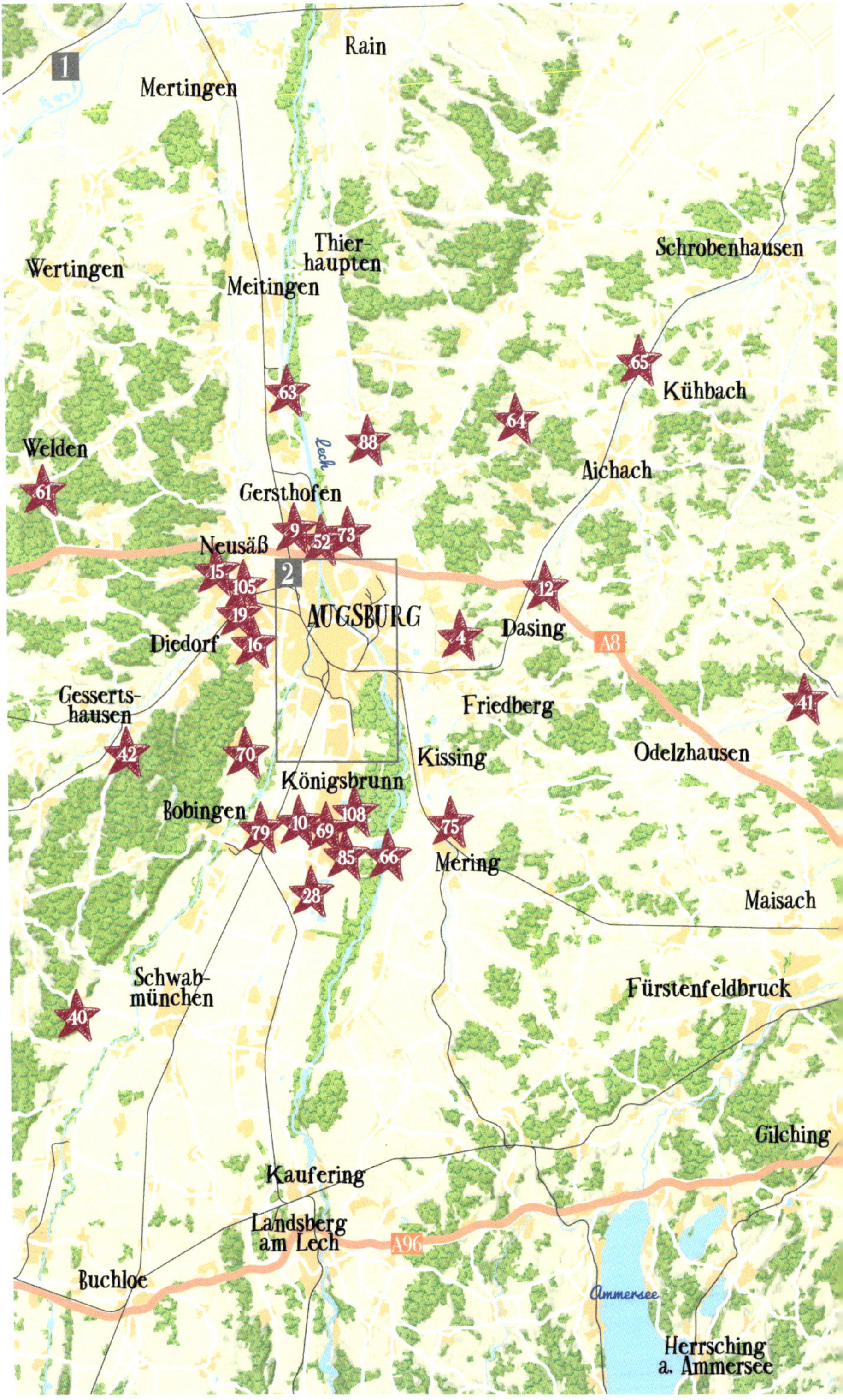
1
Rain
Mertingen
Thier-
haupten
Schrobenhausen
Wertingen
Meitingen
65
Kühbach
63
64
88
Lech
Welden
61
Aichach
Gersthofen
9
52
73
Neusäß
15
2
105
12
19
AUGSBURG
4
Dasing
Diedorf
16
A8
Gesserts-
hausen
Friedberg
41
42
70
Kissing
Odelzhausen
Königsbrunn
Bobingen
108
79
10
69
75
85
66
Mering
28
Maisach
Schwab-
münchen
Fürstenfeldbruck
40
Gilching
Kaufering
Landsberg
am Lech
A96
Buchloe
Ammersee
Herrsching
a. Ammersee

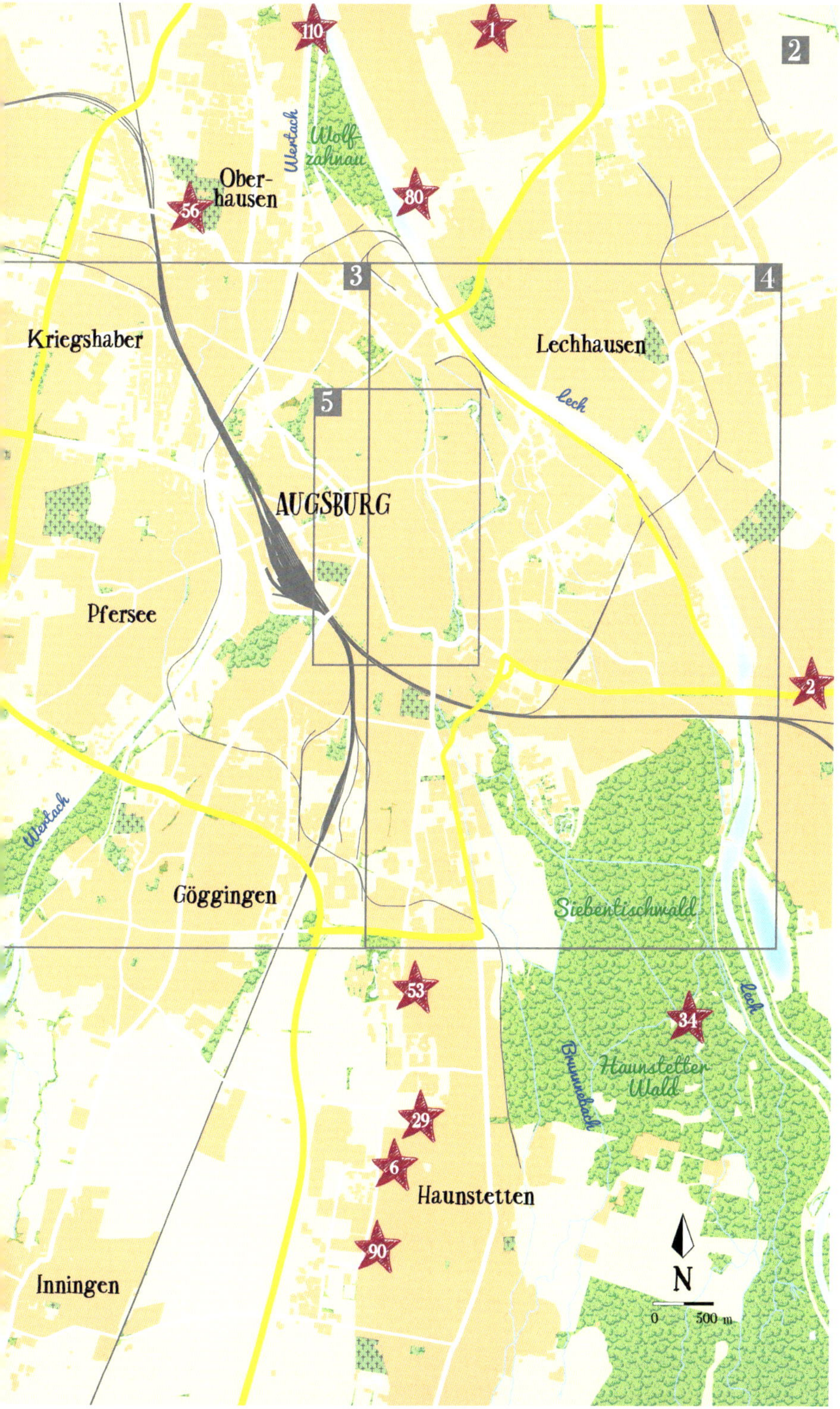

110
1
2
Wertach
Wolfzahnau
Ober-hausen
56
80
3
4
Kriegshaber
Lechhausen
5
Lech
AUGSBURG
Pfersee
2
Wertach
Göggingen
Siebentischwald
53
34
Lech
Brunnenbach
Haunstetter Wald
29
6
Haunstetten
90
N
0
500 m
Inningen

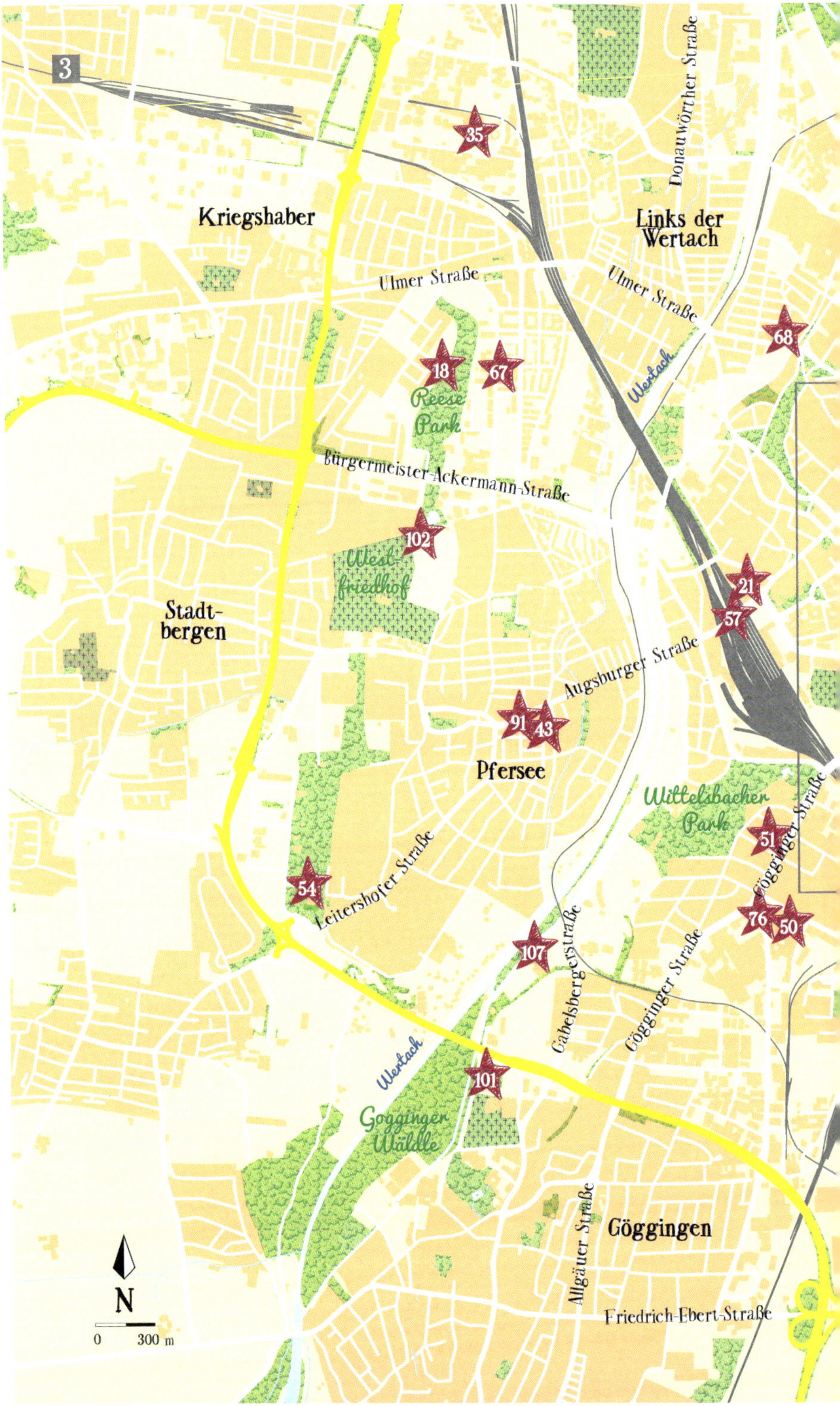
3
35
Kriegshaber
Links der Wertach
Donauwörther Straße
Ulmer Straße
Ulmer Straße
68
18
67
Reese Park
Wertach
Bürgermeister-Ackermann-Straße
102
West-friedhof
21
57
Stadt-bergen
Augsburger Straße
91
43
Pfersee
Wittelsbacher Park
51
Gögginger Straße
Leitershofer Straße
54
76
50
107
Gabelsbergerstraße
Gögginger Straße
Wertach
101
Gögginger Wäldle
Göggingen
Allgäuer Straße
Friedrich-Ebert-Straße
N
0
300 m

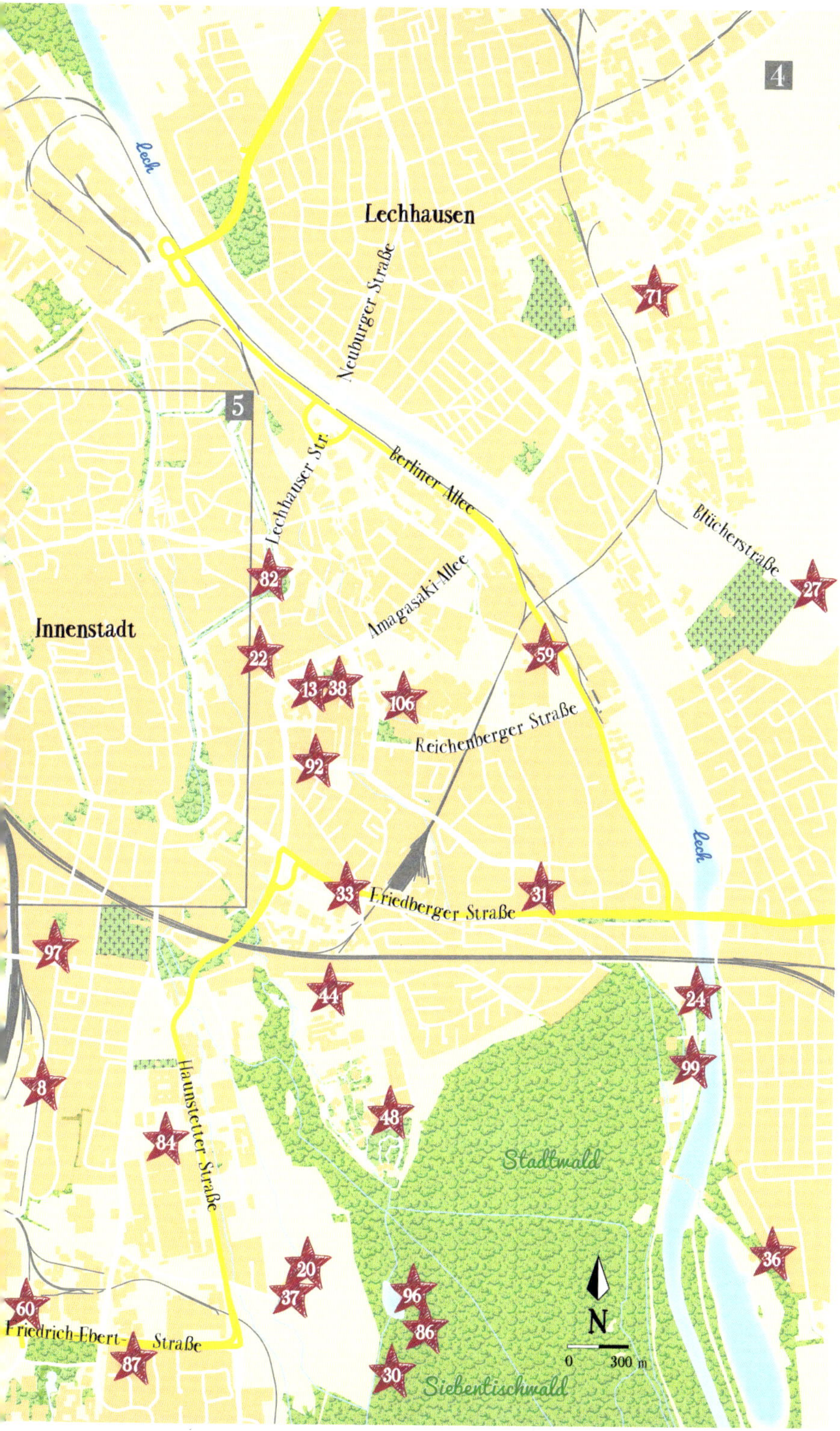
4
Lech
Lechhausen
Neuburger Straße
71
5
Lechhauser Str.
Berliner Allee
Blücherstraße
27
82
Amagasaki-Allee
Innenstadt
22
59
13
38
106
Reichenberger Straße
92
Lech
33
31
Friedberger Straße
97
44
24
99
8
48
84
Haunstetter Straße
Stadtwald
36
20
37
96
60
N
86
Friedrich-Ebert-
Straße
87
0
300 m
30
Siebentischwald

5
Auf dem Kreuz
Hoher Weg
Unterer Graben
Volkhartstraße
Leonhardsberg
Pilgerhausstraße
Ludwigstr.
Jakoberstraße
Rathaus-
platz
Prinzregentenstraße
Fuggerstraße
Amastraße
Oberer Graben
Bürgermeister-Fischer-Str.
Jakoberwallstraße
Königs-
platz
Bahnhofstraße
Maximilianstraße
Halderstraße
Konrad-Adenauer-Allee
Schießgrabenstraße
Forsterstraße
Bäckergasse
Hermanstraße
Margaretenstraße
Remboldstraße
Stettenstraße
Eserwallstraße
Rote-Torwall-Straße
Bismarckstraße
Haunstetter Straße
N
0
100 m
78
39
45
5
62
14
95
81
3
17
93
103
83
100
111
74
58
25
94
98
89
104
49
46
109
26
55
72
23
47
77
32
7
11

Veronika Wengert ist Reisebuchautorin, Journalistin und Übersetzerin. Nach einigen Berufsjahren in Europas Osten und Südosten hat es sie 2014 nach Augsburg verschlagen. Mit ihrem Mann und ihren beiden Kindern liebt sie es, in ihrer Wahlheimat ständig neue und aufregende Orte zu entdecken – und ganz gemütlich mit dem Radl über das Kopfsteinpflaster zu holpern.